福田博 オーラル・ヒストリー

「一票の格差」違憲判断の真意

外交官としての世界観と最高裁判事の10年

福田 博

山田隆司／嘉多山宗

［聞き手・編］

ミネルヴァ書房

はしがき

「『一票の格差』ではない。『投票価値の不平等』なんです」

外交官から最高裁判事になった福田博さんは語気を強めた。

判事を退官して一〇年経つが、いわゆる議員定数不均衡訴訟（以下、「定数訴訟」とする）について語りだすと止まらない。それまでのゆったりとした穏やかな口ぶりが一転した。オーラル・ヒストリーのインタビューを始めるに当たって、「一票の格差」訴訟をどのように呼ぶことにするか、確認しようとしていた時のことである。

その理由をひと言で言えば、「一票の格差」という問題設定自体に、ある程度の不平等を許容する発想が伏在している、ということである。

福田さんは、次のように説く。

「一票の格差」という言葉は、最大較差という今の最高裁の理論構成の根拠を肯定しているような言い方でしょう。「一票の格差」という言葉は使うべきではない。代表民主制の中では、較差という概念はありえない。というか、あってはならない。そういうことを認めると、較差はどこまで許されるかとかいう、つまらない話になる。

こうした見解を十分に分かっていながら、本書の書名は、「一票の格差」という表現が使われることになった。これは、新聞やテレビなどメディアの報道において一般的な表現であり、読者に分かりやすいとの出版社の判断である。福田さんのご寛恕を乞うばかりである。

福田さんは、ほぼ一〇年間、最高裁判事をつとめた。古くは一八年から一〇年前後、最高裁判事の職にあった方もいるが、近年は、園部逸夫・元判事の九年六か月を除いて、ほぼ一〇年間、在任した方はいない。

その間、定数訴訟において六つの大法廷判決に関与し、すべての判決で違憲判断を貫いた。反対意見の中では、合憲判断を繰り返す最高裁の姿勢を厳しく批判した。

たとえば、二〇〇〇年（平成一二年）九月六日の個別意見では、「司法は、せっかく違憲立法審査権を付与されながらも、定数訴訟のように民主主義政治の根幹を成す問題の合憲性を判断するに当たって、立法府の決定をほぼ自動的に追認する機関と化し、『広範な裁量権』というブラック・ボックスに逃げ込んでいるとの批判を避けることはできない」と述べた。鋭い言説には、メディアも注目した。

朝日新聞は「司法は立法の追認機関か　参院定数訴訟で元外交官判事、意見ガツン」という見出しで、「先例を踏襲して国会の裁量を大幅に認める多数意見に厳しい批判を浴びせた」と報じた（二〇〇〇年九月六日付夕刊）。

日本経済新聞は、「最高裁の役割問う福田意見」という見出しの社説を掲載し、「最高裁の内部から、司法はこれでいいのかとの声が上がったことを歓迎する」とした（二〇〇〇年九月八日付朝刊）。

福田さんは、東京大学を卒業後、外交官となり、三五年間つとめた。外務省に入省後、アメリカに留学し、イェール大学のロースクールで法学修士号を取得した。本省に戻ったあとは、北米第一課長、条約局長、マレーシア大使、外務審議官などを歴任する。この間、中曽根康弘内閣で総理秘書官も経験した。

一九九五年、最高裁判事に就く。在任中、定数訴訟のほか、在外選挙権事件など重要な判決に多数関与した。二〇〇五年に定年退官し、現在は弁護士として活躍されている。

三権のうち「行政」の世界において長年、辣腕を振るったあと、「司法」の世界に移られた。

このような経歴をもつ最高裁判事は、けっして多いとは言えない。お話をうかがっていて、やはり行政官なかんずく外交官の経験からくる「民主主義国家」に対する見識が、定数訴訟などに関与した際、司法の先例にとらわれない本質的な洞察を可能にしたのではないか、と思われてならない。

本書のもととなったインタビューは、二〇一五年五月から六月にかけ、福田さんが勤める東京都内の弁護士事務所において複数回、実施した。聞き手は、弁護士の嘉多山宗さんと私である。伊藤真弁護士には、ご多忙な中、福田意見についての解説を執筆していただいた。心から御礼申し上げたい。

いわゆるテープ起こしは、編者が指導する創価大学法学部山田ゼミの吉川幹弘君、福田青空君、六車正治君の三人が担当してくれた。

末筆ながら、ミネルヴァ書房の編集者、梶谷修さんには大変お世話になった。

二〇一五年一二月

編者　山田　隆司

福田博　オーラル・ヒストリー

「一票の格差」違憲判断の真意——外交官としての世界観と最高裁判事の10年

目　次

＊本書はJSPS科研費15K03254による研究成果の一部である。

第一章　生い立ち

中国・旅順に生まれる

――お生まれは一九三五年八月二日、現在の中国東北部にある旅順です。

福田　旅順は、かつての香港と同じような租借地でした。ロシアの租借地でしたが、日露戦争で日本の租借地になった。そこに一九二二年、旅順工科大学が作られます。東京工業大学やＭＩＴ（マサチューセッツ工科大学）と並んで、東洋に、アジアに一流の工科大学を作るという意気込みで作られました。

父は、「拓務省」（植民地の統治事務などを担当した中央官庁。いわば「植民地省」。一九二九年に創設され、四二年、大東亜省設置に伴い廃省）の役人でした。若かったのですが、旅順工科大学に新しい学部ないし学科を新設するため、省の命令で旅順に赴きました。二年ぐらいいる間に、先生を集めて建物も作るということをやり、その間に私が生まれたということです。一九三七年に父が転勤していく時には、工科大学の学長以下みなさんが駅に見送りに来られたと聞いています。世話になったということでしょうね。事務方ではありますが、大学の新しい組織を立ち上げるというのをやった。

父は、ひどく貧乏な家の生まれです。父が幼いころ、両親ともに病気で亡くなったと聞いています。家は機屋(はたや)を営んでいたそうですが、親が亡くなった後、人手に渡ったと聞いたことがあります。父には兄が一人いますが、兄は小学校を出ただけで、農業をして生計を立てた。弟は勉強ができるから中学へ行けということで、父は中学に行けたそうです。小学校を卒業して岐阜中学を出た。

父の学歴はそれでおしまいで、そのあと台湾国語学校というところに赴任します。つまり、台湾の子どもに日本語を教える学校の先生になった。生活費をもらい、かつ宿舎もある。台湾には、数年いたのではないでしょうか。私が大きくなってから、よく言っていました。教えた子どもたちの中には本当に素晴らしい子たちがいた、将来きっと指導者がこの中から出ると思った、と。台湾の人には、日本の先生というのはある意味高く評価されています。

父は努力家でした。大学入学資格検定、それから高等文官試験（戦前、高級官僚になるための資格試験）、司法試験、みんな受験して取ってしまったんです。

母は、岐阜県の大垣の生まれです。家は洋服問屋をしていたようです。岐阜高女を卒業しています。

父は明治三二年、母が明治四四年に生まれました。二人とも干支は猪です。父は母と一回り違い、二回り違いで私が生まれた。父と母が結婚してから、しばらく子どもができなかったのですが、結婚して六年後、旅順で私ができました。あと、私の二つ下に妹が一人います。

――妹さんは今、どちらに？

福田　東京に住んでいます。普通のサラリーマンと結婚して、ご主人がリタイアして、小さなマンションに住んでいます。

――お父様は、台湾から直接、旅順に行かれたのですか。

福田　いえ、台湾で勉強して、日本に帰ってきて、検定や試験をみんな通って、それで拓務省に入ったんです。司法試験も受かってしまっていたので、戦後、弁護士になりました。

話を戻しますと、父は、一九三七年に旅順工科大学の学長らの見送りを受けて旅順から大連に行きました。この大連にいた時、外務省にリクルートされたようです。それはなぜかというと、満州とか中国大陸とかには、立派な日本人もたくさん来たけれども、不良日本人も多かったんです。こういう人たちを外務省は領事関係の仕事として抑えていかないといけない。外務省職員の知識と経験だけではダメなので、拓務省から来てくれないか、ということだったようです。それで外務省に入ったのです。したがって、父の任務は主に日本人対策でした。外務省の管轄下に領

生後１年の福田博と両親

事警察というのがあって、日本人を取り締まるわけです。
戦後しばらくの間は、領事警察のＯＢの人たちの集いというのがたまにあると、父はうれしそうに行っていました。中国人に対して管轄権があるということではありません。

――お父様が外務省に移られたのは一九三七年のことですか。

福田　三七年に大連に行ってからその話があったと思います。ただ、その辺りはよく分かりません。父もだいぶ前に亡くなってしまいましたしね。

――お父様は、まず旅順に行かれて、大連に移られて、それから東京に戻られた？

福田　いえ、東京の前に北京（日本大使館）に行っています。私は、東京で幼稚園に入って、戦争が始まってから国民学校に入りました。

病弱だった少年時代

――東京では、お住まいはどちらに？

福田　当時は田園調布でした。母方の祖母が田園調布に住んでいて、そこに一家で転がり込んだかたちです。家は大きくはないけども、とにかく一軒借りるような金はなかったのでしょうね。
幼稚園も田園調布です。浄行寺というお寺の付属幼稚園で、お坊さんが園長さんです。家から歩いて行けるぐらいの近さです。私は体が弱くて、とにかく成人しないと言われていました。大連で麻痺を伴う風土病にかかり、いわゆる虚弱児になりました。

――今は全然そうは見えないですね。

福田　私は高校に入った時、クラスの男性では一番小さかった。背が高くなりだしたのは高校二年の後半ぐらいからです。その後、社会人になったあと、一番高くなった時は一八二センチぐらいありました。

――幼稚園の時は背が低かった？

福田　いや、幼稚園の頃は、まだ大きかった。ただ中学の時代に全く伸びなかったんです。それで他の人がどんどん抜いていくわけです。ですから高校に入った時には、体重四〇キロ弱で、身長一六〇センチもなかったと思います。

――幼稚園時代に戻りますけれども、お体が弱くて、通うのが大変だったわけですか。

福田　幼稚園は家から歩いて一〇分ぐらいのところにありました。あのころは、幼稚園に行くのに、今みたいに親がついていくなんてことはないですから、子どもたちで行ったと思いますね。
小学校も「国民学校」という名前に変わっていて、私がその国民学校に入ったのは戦争が始まってからです。昭和一七年、一九四二年のことです。

——何という名前の国民学校ですか。

福田 東調布第二国民学校と言いました。のちに田園調布小学校と名前が変わったんです。略して「でんしょう」なんて言いました。今は大田区立田園調布小学校です。

——国民学校に変わってから入学されたのですね。

福田 はい、国民学校は私の入学の前年からそのように変わりました。ですから、昭和一〇年（一九三五年）生まれは、早生まれと遅生まれで、だいぶ人生経験が違う。戦争が始まってから小学生になったか、あるいは戦争が始まる前に小学校に入っていたか。結構、のちのち人生観が違ったりしたと思いますね。たとえば、遅生まれの私は、教育勅語を習いませんでしたが、前年に小学校に入学した人たちは習ったらしいです。ですから、結構そういうところは、同じ昭和一〇年生まれといっても、早生まれか、四月以降かで随分違うんですね。

——小学校時代はどんなお子さんだったんですか。

福田 もう、とにかく病弱でした。また、引っ越しが多く、私は、旅順で生まれ、大連、北京を経て東京に行き、その後、国民学校二年の秋に中国河北省の石家荘というところに移り、そこから北京に行ったんです。

——それはお父様の転勤で？

福田　そうです。父が石家荘の総領事になって、一年ちょっといて、それで北京大使館に移りました。私は、二年生の秋には石家荘にいました。それで、一年ぐらいで北京に移った。一九四四年、三年生の秋です。北京の小学校に入ります。あそこも当時は日本人が多くいました。中国人の子どもたちとも友だちになりましたけども、私が入ったのは、いわゆる日本人小学校だったんです。

1944年春頃。石家荘総領事官舎中庭にて

戦争の記憶

――ご自身の戦争の記憶は？

福田　東京にいた幼稚園の時に、初めての東京空襲がありました。あの時、確か、誰かがおぶって私を家へ連れて帰ってくれました。それがもう国民学校に入った途端だったかな。それが一つ。あとは、石家荘では重慶などから来る航空機の機銃掃射がありましたね。ときたま。機関銃で。

――ババババーと。

福田　そう、低空で飛んできて、明らかに白人のパイロットです。鼻がカギ型で高かった。機関銃の弾って、地面に当たると本当にプスプスプスという音がするんです。

――飛んできたのは一機だけ？

福田　何機か来ました。重慶のほうからだと聞きました。国民軍を支援する米軍機でしょうね。

そもそも今の中国政府は、「日本に勝った」なんて言っているけれども、あの時、勝ったのは国民軍であって、八路軍、つまり共産軍ではありません。終戦の時に私は北京にいましたが、最初に国民軍が入ってきて、日本陸軍がそれに降伏して、武器やなんかも渡したんです。他方、中国の国民軍は腐敗や略奪がひどくて、市民も陰で怒っていたと思いますね。そしたら、ちょっとの期間ですが、八路軍が入ってきた。八路軍というのは共産党です。これは、ボロの装束をまとっていますが、規律は厳しくて、絶対に略奪もコラプション（腐敗）もなかった。その後、そのうちにまた国民軍が戻ってきて、また略奪ですよ。だから、ちょっとしかいなかったけれども八路軍に対しては、市民はみんな好意的だったと思いますね。私なんかも子供心に好意的だったね。

――国民党の軍、戦闘機が石家荘に爆撃するというのは、誰を狙って？

福田　それは、日本人ですよ。

――石家荘に日本人が多いというのは常識だったわけですか。

福田　石家荘は鉄道の要所です。東西と南北の中心で、鉄鉱石とか綿花とか、そういうものの輸送の要の場所ですからね。

――アメリカ人が国民党の戦闘機に乗って爆撃するわけですか。

福田　たぶん、そうだと思います。

――それはもう、日本人でも中国人でもいいから、殺してしまえということで？

福田　いや、日本人を狙ってくるでしょう。

――そんな、狙い撃ちできるものなんでしょうか。向こうからしたら、日本人も中国人も分からないようにも……。

福田　でも、それは裏で、「あそこら辺に日本人が集まっているから」と、どうせ中国人のシンパがいたんじゃないですか。とにかく、一年くらいで、わが家は北京へ移ります。北京は終戦までは全く平和でした。上空の高いところをＢ29が飛んでいくことがたまにあったけれども、それは別に北京を襲うわけではなかった。

――戦闘機を見たり爆撃を受けたりしたのは、石家荘の時の一回だけ？

福田　そう、一回か二回です。あと、列車で北京へ移って行く時に、途中でやっぱり爆撃があるので、一旦列車から降りて退避したことはありましたけれど、でもそれは大したことなかった。

――その時、子供心に恐怖心というか？

福田　恐怖心というか、「軍用機というのはすごいものだ」と思いましたね。操縦席にはカギ鼻のパイロットですね。

――見えるわけですか。

福田　風防ガラス越しですが、よく見えるんです。至近距離ですよ。

終戦、引き揚げは一年後

福田　小学校四年生の時、終戦を迎えます。終戦後、日本に引き揚げるまでの間、わが家族は北京の収容施設にいました。昭和二〇年（一九四五年）の九月ぐらいから翌年六月ぐらいまでです。父は戦後、日本人を引き揚げさせることをやっていた。大使館で日本人引き揚げ関係の仕事をやっていたのです。

わが家族が引き揚げてきたのは翌年六月。つまり、一九四六年の六月です。最後の引き揚げ船で帰ってきたんです。東京へ着いて、田園調布の祖母の家が焼けてはいなかったので、そこに転がり込んだ。

私は小学校五年生になっていました。もっとも、ほぼ一年間全く学校に行っていなかった。終戦の時、学校は三日後に閉鎖されてしまいましたから、あとは何にも勉強していませんでした。一つ、よく覚えているのは、北京の収容施設から先に引き揚げた人の置いていった一四巻の吉川英治著『三国志』で、これは何回も読んで、ほぼ暗記してしまいました。

東京に帰ってきて、元の小学校に「五年生で入れてほしい」と言ったら、校長先生が「ダメだ」と言う。「一年学校へ行っていないから一年落とす」と。私は、義務教育なんて知りませんから、「落とされるなら学校へ行かない」と言った。そうしたら、国民学校に一年生で入った時のことを覚えていた先生――たしか、小林先生という女性の先生でした――がおられて、「福田君なら大丈夫でしょう」と言ってくださったんです。なぜ「大丈夫」と言われたかは分かりませんが、とにかく「大丈夫でしょう」と言われて、それで校長先生にお話ししてくださって、五年生のクラスに無事に入れました。

入ったら、戦後ですから誰も勉強していなかったみたいで、どうってことなかったですね。私は、中抜きではあるが、入学と卒業は同じ学校だったわけです。

――引き揚げて来られた方々からは、「ソ連からの侵攻が怖かった」という話もよく聞きますが、北京辺りではそういう恐怖心みたいなものは？

福田　戦後、略奪が始まった時は怖かったです。それまで町の治安は、日本陸軍が完璧にコントロールしていましたから、「平和」そのものでした。でも、戦争が終わって二、三日したら、赤やピンクのお祝いのビラが中国人の家に飾られるようになったんです。ああ、なるほど、やっぱり、日本が本当に戦争していたというのはこういうことなのか、と思いました。その頃、小学校四年生だったんですが、戦争の意味があんまりよく分かっていなかったですからね。

――略奪を目撃されたことは？

福田　わが家に入ってきました。

――中国人が？

福田　そう、二回です。何人もの中国人です。命があるかないか瀬戸際みたいなもんでした。

――銃器とか持っているんですか。

福田　みんな持っていたと思います。

――どういうものを盗っていく？

福田　なんでも持って行ってしまう。

――金目のものですか。

福田　そんなに金目のものもありませんでした。

――そういう時には、人を傷つけたりはしないわけですか。

福田　傷つけられた人もいたんじゃないですか。うちは大丈夫でしたけれど。

――それは、すごく子供心に……。

福田　父と母が殺されたらどうしようかとか、そういうような感じです。それから、収容施設にいた時、夜、不審な音がするので、皆で大きな声を出したら逃げていった。自警団の人が点検したら、大きな青竜刀（中国で用いられた、なぎなた状の刀）が落ちていました。子供心に怖いと思ったものです。

――引き揚げの際、中国を出られたのはどこの港から？

福田　天津の近く、タンクー（塘沽）というところです。北京から天津までは屋根のある有蓋貨車だったんですが、天津からタンクーまでは屋根のない無蓋貨車でした。急に「今から出発」と言われます。そうすると、持ち物も本当に手荷物だけで、かつ貴重品は持ってはいけないし、本とかそんなものももちろんダメでね。日本では砂糖がないらしいというので、砂糖を靴下に入れて、それを二つ持って、私は肩にかけて、あとは着替えを一つぐらい持って……、それぐらいじゃないですか。タンクーから米軍のＬＳＴというのに乗って帰ってきたんです。

――ＬＳＴというのは？

福田　ＬＳＴは、landing ship tankという戦車揚陸艦のことです。戦車などを運ぶ船で、本来、人間を乗せる船ではありません。

――米軍の船で引き揚げられた？

福田　そうです。

――それは、外交官、外務省の職員の家族として？

福田　いや、特権も何もないです。先ほどお話したように、北京から乗った貨物列車も最初は有蓋貨車だったのが、そのうち無蓋貨車になりました。要するに、無蓋貨車に荷物みたいにして運ばれたんです。

——帰国した港はどちらですか。

福田　着いた港は、山口県の仙崎というところです。下関の北にある漁港です。佐世保が満杯で、仙崎に入ったようです。そのあと、岐阜に向かいました。その時、列車が混んでいて、窓から乗り込みました。岐阜には父の兄一家がいて温かく歓迎してくれた。そこに数日滞在して、それから一家で東京に戻りました。

——東京行きの列車は混んでいて、窓から入るような状況だった？

福田　いや、家族全員かどうかはよく覚えていませんけれど、私は窓から入りました。その時は小学校五年生になっていた。まあ、とにかく体が弱かったんです。

——先ほど、お体が強くなくて、成人するまで生きられないじゃないかというお話でしたけれども、ご自身でも小さい頃から長生きできないのではないかということを聞かされて、それを自覚していらっしゃったんですか。

福田　男の子は私一人だから親はとても大事にしてくれましたけれども、しかし、私自身は体が弱いことはよく認識していたし、寝る時にいつもお祈りしましたね。健康になりたい、と。私の希望はそれだけでした。人間は脳のシワが多ければ多いほど頭がいいとか聞いたことがありますが、私は、シワがなくてもいいから丈夫になりたい、と思いましたね。
面と向かって言われたこともあります。引き揚げの時のＬＳＴの中です。ある日本人の大人が「この子はあんまり長生きしないね」と父に言いました。父は烈火の如く怒った。というのは、その日本人は、「この子は長生きしないね」と、私が横になっていたわけですが、聞こえるところで言ったからです。

――寝ているところで？

福田　普通に声を出したから、私は聞こえてしまったわけです。あの頃は病弱だったこともあって、周りの大人が何を考えているかということについては非常に敏感で、感覚的に優れていました。成人して留学先のアメリカで人並みの健康体になったら、その感覚はなくなってしまいましたがね。

――すごく心が大人になっていると言いますか。

福田　大人というか、ピリピリしていると言いますかね。この人は何を考えているかなんていうのは、その頃はよく分かりましたね。

――文学者とか作家だと、そういう経験などを聞きますが、先生のその後と全然違う少年時代なんですね。

東京に戻られた時、小学校は、「でんしょう」になっていた？

福田　当時は東調布第二小学校でした。今の田園調布小学校ですね。同級生みんな、顔は知っています。

――浦島太郎みたいな感じですね。

福田　ええ、一種そうです。私は体が弱かったから、東急東横線の田園調布駅から人力車に乗せてもらって家まで帰った。まあ、とにかくいつ死ぬかって言われるようなもんですね。

――じゃあ、外で遊んだりとかは？

福田　何にもしませんでした。とにかく成人しないだろうと言われました。

――その代わり、家で本を読むのが好きだったとか？

福田　そうですね、本もあまりありませんでした。元気になりたい、丈夫になりたい、と常に思っていました。

――その思いをかなえるために、家でなにかやったり？

福田　いや、そういうような力もありません。家では、しょっちゅう寝ていたんじゃないですか。

――あんまり、外で遊んだ記憶などは残っておられない？

福田　ベースボールとか、そういうものは何にも……。本当にひ弱な子でしたね。とにかく大学まで、運動会というものに出たことがない。進行係はたまにやりましたけども。

――たとえば、妹さんと二人で遊んだとかは？

福田　それもなかった。妹は兄貴思いでした。二人は仲がよかったと思いますが、特に二人で遊ぶということもない。やっぱり本は読んだのかもしれません。

――どんな本を？

福田　当時あるものでした。私が小学校から中学校ぐらいの時に一番愛読したのは、H・G・ウェルズの『生命の科学』です。特に恐竜の化石の写真などが大好きでね。写真版に学名なんかが書いてある。ティラノサウルスとかね、あんなのを飽きずに眺めました。

――理系少年だったんですか。

福田　たぶんそうだと思います。

中学校には自転車通学

――一九四八年三月に東調布第二小学校を卒業されます。進学した中学は？

福田　東京中学校と言いました。本当は、公立の田園調布中学校というのができるはずだったんですが、できていなかった。鵜の木（大田区の西部）というところにある東京中学校は私立ですが、いわゆる六・三制の義務教育になって、公立中学校が足りなかった。だから、私は、いわば私立に、公立の生徒として預けられたということですね。

――先生の通われた学校は、公立の、ただし私立か公立かといったら私立の中学校だったんですね？

福田　純粋な私立です。

――鵜の木にある東京中学は、歩いて行けるところなんですか。

福田　体が弱かったので、途中で自転車を買ってもらいました。自転車で通学するようにね。三〇分ぐらいかかりました。多摩川の土手を下っていきます。

――自転車で通学すると、健康になってくるんじゃないでしょうか。

福田　まあ、相変わらず弱かったですね。

――中学の時、クラブなどは？

福田　クラブは、いっぱいありましたが、私はなんにもしていません。体が弱いですから、そういうのは一切なしです。体育の時間などは、いつも見学です。

――勉強はおできになった？

福田　いや、なにしろ中学三年生の夏過ぎに転居する可能性が出てきて、別の高校を受けないといけない、ということになりました。東京中学には、その上に高校がありますから、学校側は当然そこへ進学すると思っていたようです。

戦後、父は弁護士になってしまった。植民地はなくなったわけですから、拓務省もないし、外務省でやる仕事もない。それで昭和二二年（一九四七年）ぐらいに辞めた。司法試験を取っておいてよかった。当時は司法研修所に行かなくても弁護士になれましたからね。

――お父様は昭和二二年に弁護士事務所を開かれたんですか。

福田　神田でしたか、誰かの弁護士事務所に入れてもらった。でも、通勤ラッシュがすごかったようです。田園調布から渋谷に出て、神田まで行く。「通勤だけで消耗するから都心に引っ越したい」ということで、千代田区の平河町（現在の最高裁の西側）に引っ越したんです。平河町に小さい土地を無理して買った。当時は坪三〇〇〇円ぐらいだったんじゃないですか。すべて借金でした。大変だったんです。ずいぶんお金には苦労していました。でもまあ、悪いことはしなかったと思います。

――自宅兼事務所として？

福田　それでやろうと。事務員を雇うような金はなかったですから、一人でね。母は特になんにも。お茶ぐらいは出していましたかね。

――当時は電話番みたいなのは？

福田　いません。だって、そんなにお客も来ませんから。それで、平河町に、当時は建坪制限もあって一七坪ぐらいの家を造るというので、父は家を造る間、弁護士の仕事をほったらかして、毎日、建築現場に行っていました。

私は、田園調布に住んで東京中学校に通っていたけれども、「平河町に移るんだから近くの高校を受けろ」ということになった。もちろんお金がないから公立を探す。そうすると、日比谷高校というのと、九段高校というのがあった。私は九段高校のほうが名前が好きだった。なぜかというと、日比谷高校って、公園みたいな名前でしょ。元は府立一中というのは知らなかった。近所にあるから探したんです。しかし、試験を受けなければならない。中学三年生の秋、東大生の主催する模擬テストを受けたら軒並み0点をとった。それまで何もしていないからです。

実際の受験は、統一テストを受けて、その結果を見て願書を出します。結局その時に私が何をやったかというと、それまで開いていなかった中学一年から三年までの教科書を、一年のものから順番に全部読んだんです。それで、一冊を一ページに収めるという感じで要約する。

――一冊を一ページに収めるのですか。

福田　まあ、中学一年の教科書などはそれぐらいでできます。当時、試験科目は八科目ありましたが、要約作りを全部やりました。一冊のノートになったので、それを丸暗記しました。そして試験を受けたら、割合いい成績でした。模擬テストでは0点だったのに、一〇〇点を取った科目もありました。丸暗記というのは霊験あらたかですね。そこで、日比谷高校のほうが自宅から近いので願書を出したら通りました。

――試験はないんですか。

福田　統一テストの結果だけで、合否が決まるんです。今みたいに、学校ごとに入学試験をやるのではなく、統一テストの成績で順番にとっていく。入学したら皆さんよくできる。塾なんかに行っていた人もいたらしいです。

高校入学は一九五一年四月です。ただ引っ越す先の家ができあがっていなかったから、入学当初は、まだ田園調布に住んでいて、三か月間ぐらいは赤坂見附の日比谷高校まで電車で通いました。それで六月に平河町に引っ越したんです。

それまでは、赤坂見附駅から「遅刻坂」という急な坂を上がる。私は体が弱くて一回では上がれない。途中で休むんです。そうすると、「こんにちは」「おはよう」と言って友だちが抜いていく。まあ、それくらい弱かったですね。高校時代も体が全然弱かった。

1950年春頃。中学校の同級生と（前列中央）

——学校のテストなどは？

福田　高校に入った時はできなかったですね。だって、どうやら多くの人は塾に行っていたらしいので。だけど、秋ぐらいに入ると、そういう人のメッキがだんだん剝げてきます。だんだん中身が程度の高いことを教えるようになるから、塾に行っていた人もそれは習っていない。やっていないんです。そうすると、相対的に成績は上がる。でも、まあ、周りは、男の人も女の人も、みんなよくできましたね。

――中学・高校時代は、将来こんな仕事をしたいとかいうのは？

福田　全く考えませんでした。とにかくひ弱で、成人しないと言われていたし、だから高校の時も、たとえば夏は、比較的元気な時期ですが、泳ぎに行くとか、冬はスキーに行くとか、そういうのは一切やりませんでした。夏休みに、みんなで旅行するのは高校二年の時にやりました。あとは、高校の図書館に行って、――冷房もなくて暑いんですが――、世界文学全集とか日本文学全集を全部読みました。

――それぞれ何巻ぐらいあるんですか。

福田　六〇巻ぐらいです。

――一二〇巻ほど読破された？

福田　そうです。

高校時代も文科系のクラブも何もしていません。友だちに数人とても仲良しの仲間がいて、春休みとか夏休みとかに旅行するぐらいで、あとは何もしませんでした。

――旅行というのは、どちらのほうに？

福田　国内です。鉄道でみんなで行きます。仲良しが五人ほどいまして、鈍行列車で行く。急行はお金がかかりますからね。今でも覚えているのは、東京から京都まで行ったことです。東海道線の各駅停車に乗り、朝八時に出て夜八時に着く。各駅停車で直通があったんです。鈍行がありました。直角の固い椅子です。

——泊まるのはどういうところに?

福田　木賃宿とか、お寺とかが多かったです。一番いいのは駅に着いたら交番に行くんです。「どこか泊まれるところはないですか」と。交番では最初は「なんだお前ら」という感じですが、怪しくなければ紹介してもらえます。交番からの紹介が一番信用あるんです。

日比谷高校の友だちとは今でも付き合いがあります。たまに電話で話したり、あるいは年賀状のやりとりをしたりです。

東大に進む

——東大の法学部に進学しようと思われたのは?

福田　大学では、本当は工学部の系統に行きたかった。ただ、父が、「そういう学部では、お前もせいぜい課長どまりだろうから、やっぱり法学部に行ったらどうか」と言われて、それで法学部にしました。文一へ行こうかと。

——そして、東大を受験されます。

福田　そうです。ただ、最初に受けた年は落ちてしまいました。病気で勉強不足というわけです。

それで、翌年、一九五五年に入学しました。

――東大には日比谷高校からたくさん行かれていたんですか。

福田　当時は、一〇〇人以上入っています。これも良し悪しですね。というのは、大学に入っても周りに知った人がいますから、それだけと付き合ってしまう。地方から来る人は一生懸命に新たな友だちを作ろうとする。あんまりたくさん同じ大学に行くのは必ずしもいいとは言えませんね。

1951年春。都立日比谷高校に入学したとき

教養課程では文一です。授業は行ける時は行きましたが、そのころ麻雀が好きになってしまいまして……(笑)。京王井の頭線の駒場東大前駅を降り、渋谷のほうから見て右へ行くと大学ですが、左へ行くと麻雀屋でした。仲がいい友だちに麻雀好きがいたので、思わずフラフラっと左のほうに行ってしまうことも多かった。だから、私の話を聞いて大学生に対して、勉学の役に立つとか、こういう経歴の人はよく勉強したんだとか、そんな材料にお使いになるのは間違いだと思います。

――東大法学部時代、憲法の授業の担当は?

福田　宮沢俊義先生(一八九九～一九七六年)です。

――どんな講義でしたか。

福田　大先生で、私は、あまり熱心じゃなかったから、後ろのほうで聞いていました。ふぅーん、そうかと。ただ、「コンメンタール」っていう分厚い本がありますよね。あれはちゃんと読みました。それからあとのほうで、これは外務省に入ってからですけど、課長になって、わりに早い頃から試験委員を頼まれたものですから。

――外務省の採用試験の？

福田　そうです。今はなくなった外交官試験、上級試験です。担当した科目も、英語とか経済原論とか多岐にわたりました。専門職試験も人事課長の時はやりました。その時にはもちろん、条約局長とか条約局の審議官の時には、憲法とか国際法の試験官もやりました。問題は、学者の先生と作って、二重に封をして、試験官室に渡したり、口頭試問で質問したり、そんなことをやりました。

――その時には宮沢先生と接点はなかったのですか。

福田　もうとっくに亡くなっておられましたからね。

話はちょっとそれますが、日本の学界に対する批判になるかもしれませんが、最高裁に入って、いろんな人の憲法の本を読みました。日本の学者というのは、一般論で言うと、自分の説を述べるだけの人が多いですね。アメリカの学者の本を見ると、もちろん自説も書いてありますが、常に判例に即して、かつ歴史に即して、これにそれを当てはめるとどういうことになるのかということが書いてある。当てはめも厳密な、いわゆる文理解釈的なやり方と、それから時代に応じて、これはこういうふうに解釈されるべきだという大きな流れ、対立が常にありますけれども、そういう本が多いです。それに比べると、日本の学生にとっては、日本の憲法の先生の本を読んでも、実生活にあんまり役に立たないじゃないですか。こんなこと言うと大変恐縮ですけども。私は最高裁にいる時、大体、憲法の先生の本はみんな見たつもりですが、そう思いました。要するに、自分の言いたいことが書いてあるだけなのです。それと、学際的（interdisciplinary）でない本が多いですね。

たまに学者の方が専門家として最高裁判事になられる。批判ととられると困りますが、そういう方が目指すのは自分の説を判例に採用させることではないかと思ったりしたこともあります。そういうことで裁判官、判事というのをやっているわけではないだろう、というのが私の考えです。違憲審査権がどうして司法にあるのかというのが長い間、アメリカでの最大の問題であったんですが、まさに最高裁判所というのは、事件が山のようにきて、——たくさん来過ぎるのが問題なんだけれども——、最後は憲法問題というのが司法の中心にあって、司法がそこで三権の一つとして、つまり、統治機構の一つとして判断を下していくということではないかと思います。とにかく裁判官が自説を述べるところではないんです。

だから、そういうところが、私は、日本の憲法の本を読んで、非常に一般論としてですが、気になったところです。最高裁判事の間に、アメリカのイェール・ロースクールが主催する憲法問題に関する会議に計六回、招待されていったことがあります。いろんな国の最高裁判事とロースクールの憲法の教授が突っ込んだ議論をする。そういうところで議論しても、憲法の教授といっても随分違うものだと感じたものです。

――ゼミは伊藤正己先生ですか。

福田　伊藤先生はゼミ（演習）ではなく、クラスがそうだったんです。単位をくれる英米法の授業でした。

演習は英米私法をとりました。末延三次という大先生です。末延先生も宮沢先生も、東大教授としてもう最後の頃です。末延先生は秘書が運転する車に乗って大学に来られていました。

――では、伊藤先生との関係は……。

福田　ゼミに出るとかそんな真面目な学生じゃなかったですね（笑）。ただ個人的にはよく存じ上げるようになりました。伊藤先生は、近代的ないい先生だと思いました。

外交官を目指す

――いつ頃から外交官になりたいと？

福田　外交官試験を受けたのは、外交官になりたいというよりも外国へ行けるから、ということが最初の動機でした。最初は普通の民間企業に就職しようと思っていました。それから「弁護士になるかな」とも言い始めたんです。「弁護士でもやるか」とか、「弁護士しかできない」とか言ってね。しかし、司法試験を受けないといけないから大変だなあと思っていたら、父が「これからの日本は、外国のことを知らないとダメだから、外国へ行く仕事を選んだらどうかね」と言ったのが外交官試験を受けるきっかけになりました。

——それは何年生の頃ですか。

福田　大学二年生の後半から三年生になる頃だと思います。専門課程、法学部にこれから進むというころです。

大学に入って、就職はどういうところに行くことを希望するかとか、大学二年生ぐらいになると、学生課などがアンケートを取る。それで私は、「公務員には絶対にならない」と書いた（笑）。ですから、いい加減なんです。こういうものを外交官に選ぶのも問題ですね。

教養課程のあとは法学部の第二類に進みました。二類は公法コースです。三類までありまして、一類は私法コース、三類が政治コースです。

——二類を卒業したあと、一九五九年、一類在籍中に外務公務員採用上級職試験（外交官試験）に合格されます。翌六〇年、一類を卒業と同時に外務省に入られたということですね。二類卒業のあと、一類に入り直されたのですか。

福田　二類を卒業する前にそういう手続をしました。一年余計に大学に行きました。

私は公法コースの二類を出たんです。でも、法律をやるには二類だけでは、やや足りないのではないか、と思いました。普通は専門課程の類には二年いないとダメなんですが、あと一年間、勉強すれば、法学部では他の類も卒業できる。それで、私法コースの一類に入りました。

何をやったかというと、訴訟法などです。訴訟法なんて学問じゃないと長いこと思っていたんですが、刑事訴訟法は平野龍一先生とか、民事訴訟法では三ケ月章先生の本を読んで、訴訟法というのも学問らしい、と初めて思いました。

——たとえば、訴訟法の基本書をじっくり読まれたというようなご記憶は？

福田　訴訟法なんて本当に学問じゃないと思っていたんですが、有斐閣法律学全集の『民事訴訟法』（三ケ月章著）を読んで、なるほど学問かもしれないね、と。ただ、今では、綺麗さっぱり忘れてしまいました。

話は飛びますが、三ケ月先生と言えば印象に残る出来事がありました。のちに最高裁判所に入って三年ぐらい経った時、民事規則制定委員会のメンバーになって、最後の頃は、私が委員長になっていたんです。そこに三ケ月先生が顧問でいらしていて、民事訴訟法が全部改正になったのを受けて、それで、いろいろ規則も作る作業をやった。いろいろ議論して、しかし、きちんと予定の原稿があって、最後はその通りになるわけです。最後に三ケ月先生の講評があります。そうすると一件落着です。何回目の時かに、「いや、もうとにかく、これができたのは、三ケ月先生の腕力のおかげです」と申し上げた。そうしたら、三ケ月先生が「知力もあると言ってもらいたい」とおっしゃる。そこで、私は「こういうところにおられるのだから、知力があるのは当然の前提です」と申し上げたことを覚えています。

――在学中にご面識はあるんですか。

福田　ありません。

――将来の志望は外交官一本でしたか。

福田　進路を決めるに際しては、先ほど少し言いましたように、弁護士になるか、民間企業に行くか、ということを考えたこともあります。

私は、外交官試験がダメだったら、ある大手の電気工業関係の会社に関心があって、ある日、その会社の本社を訪問しました。製造業は月給がそんなに高くないと知らなかったものですからね。そして、本社にいきなり行って、人事課のようなところで、「こちらを受けてみたいと思うんですが」と切り出した。すると、「もう他の人たちに、みんな内定を出してしまったけれども、あなたの成績表はありますか」と言われたので、「持ってきました」と成績表を差し出した。それを見たら「ちょっと面接します」と言われ、常務さんといきなり面接が行われました。それから、診療所みたいなところで「ちょっと身体検査を受けてください」と指示された。それを終えると、「内定しました」と言われた。それで私は「ちょっと待ってください。外交官試験を受けていて、近くその発表があるので、受かったらそっちに行きます。だから、それまでは内定って言われても困るんです」とお願いしたら、「そうか、じゃあ待ちましょう」と言われました。

そして、一週間たったら外交官試験に合格した。ちょうど伊勢湾台風の時で、台風の中、その会社にお断りに行ったんです。そうしたら、常務さんが「それはおめでとう、でも残念だ」とおっしゃいました。全く知らない方たちでしたけど、私は大いに感謝しています。

――成績はよかった？

福田　私は、たくさん単位を取ったんです。というのは、せっかく大学に一年余計にいるんですから、法学部だけではなく経済学部の単位もたくさん取りました。九〇単位あると卒業できるわけですが、一類に一年だけいた。それだって、ほんのちょっと、訴訟法だけ取れば、すぐなんです。私は結局、一二八単位くらい取ったのではないでしょうか。というのは、履修して試験となれば、とにかく勉強するからです。とりあえず、大学は、いろんなことをタダで教えてくれるんだから、みんなもらっちゃおうってね。ですから、単位数がすごく多かった。評価は「優」が半分くらいで、あとは「良」です。「優」の絶対数で言えば、かなりいい成績だそうです。でも、私はそんなことは知りませんでした。

それから、私は大学に入るのが一年遅れ、大学も一年余計にいたおかげで、ほんのちょっとですが、体力がついたのではないかと思います。これは、のちにアメリカに行って強く感じたことです。人間、何が得するか分かりませんね。

第二章　外交官時代

外務省に入る

――一九六〇年に東大法学部一類を卒業後、外務省に入省されます。

福田　そもそも、どうして外交官になったかというと、外国に行ける仕事だからというのが、その理由です。

当時、羽田空港では、ほとんどがプロペラ機でした。ジェット機もようやく飛び出したという頃ですが、ジェット機に乗ると特別料金を取られる。いわゆるジェット料金です。それが結構高い。

ワシントンに行くのでも、東京からまずホノルルに飛んで、ホノルルからサンフランシスコへ行って、夜行便でオハイオ州のコロンバスなんていうところに降りて、そして朝、ワシントンに着く、と。ホノルルとサンフランシスコの間だけジェット機に乗ってみようよと言って、ジェット料金を払って乗ったのですが、乗ってあっという間に着くので驚きました。あとはみなプロペラ機です。

外務省入省後すぐ、アメリカに留学に行くということになり、大学へアプリケーション（願書）を出しました。「あの大学に行きたい」といって書類を作ると、外務省が手続を代わってやってくれるんです。

1960年８月28日、米国に向かう直前の羽田空港にて。後ろは見送りに来た友人たち。左は斎藤次郎氏（のち大蔵省事務次官）、右は安楽隆二氏（のち通産省局長）

――それは、外務省のほうから「留学に行きたいか」と聞くのですか、それとも、新入職員のほうから「留学に行きたい」と言うのですか。

福田　外務省からは国だけ指定されます。「お前はアメリカで勉強しろ、あとは自由に決めろ」などと人事課長から指定される。

――それは、何を根拠に？

福田　採用試験とか、面接とかです。この職員は英語しかできそうもないから英語だとか、若い人であれば、ロシア語とか中国語とかアラビア語とか全く知らない言語を指定して勉強させる。

語学ができる人は、新しい言語でもどんどんできてしまう。それは私自身がのちに人事課長になって本当によく分かりました。

――同期で入られたのは何人ですか。

福田　一八人くらいだったと思います。

――英語でアメリカだと指定されたのは先生以外にいらっしゃったんですか。

福田　私を入れて五人です。それまではイギリスへ行きたい人のほうが多かったんですけれども、私の時はアメリカが多かったんです。それがどうしてかは知りません。

――留学先を指定されるのは入省後どういうところで言われるのですか。

福田　人事課長室に呼ばれ、勉強する語学を指定されるのです。

――それが、一生の外交官生活を決める？

福田　そうです。

――先ほど、入省試験の成績のことを話されていましたが、先生の場合どういうことで英語に？

福田　それは、こいつは英語しかダメだから、続けて英語をやらせようと、そういうことじゃないですか。

――しかし、外務省の中では、英語の、しかもアメリカというのは最も多く、中心的な？

福田　いや、中心的なのは、その前の年まではイギリスだったんです。やっぱり、英語といえばイギリスで、ケンブリッジとかオックスフォードとかへの留学です。

――一九六〇年で変わった？

福田　六〇年は、英語を勉強する外国としてアメリカを選ぶ人の割合が増えました。それまではいつも四対四ぐらいだったのが、五対三になったんです。イギリスが三に。英語について、毎期八人くらい育てるのは変わりません。

――同期の方で、印象に残っておられる方は？

福田　いや、みんな同期だから、いまだに全員分かりますよ。ただし、外務省の場合、同期といっても入省後まもなくそれぞれ別れて違うところに行ってしまいます。その点は、他の企業とか省庁と違うところだと思います。

――同時期にアメリカに行かれた方は？

福田　うん、だけど、アメリカも広いし、とにかく全員別々ですからね。

――外務省に入られて、留学に行かれるまでの間は？

福田　外務省の研修所に行きます。研修所は、今は移ってしまいましたけど、文京区の茗荷谷にありました。外務省研修所というものです。

――泊まり込みの施設なんですか。

福田　泊まり込みはしなかったけど、泊まり込みを別の場所で一、二泊っていうのをやったことはあります。そういう時は何を教えてもらったのかな。エチケットとか、マナーとかですね。その頃は、ナイフとフォークで食事をするなんていうのは、まだあんまりないですから。

——日本人としてはそうですね。研修所には、平河町のご自宅から通われた？

福田　そうです。五、六、七、……八月の終わりにアメリカに発ったから、四か月。

——四か月間は研修所でずっと？

福田　最後の二週間ぐらいは、企業見学をしました。九州まで行きました。久留米のブリヂストンタイヤを見ました。関西では奈良と京都です。そこから文化を学ぶというか、普通の観光ではありません。あとは、千葉の君津製鉄所に行きました。

——それは、日本の企業とか文化を理解しておけという？

福田　そうです。だから代表的なところを見ておく。

——最初の四か月の研修はかなり充実した、思い出深いものに？

福田　忘れてしまいましたが、新しい経験で面白かったんじゃないでしょうか。

アメリカ留学へ

——入省後、半年ほどで留学に行かれます。

福田　外交官試験に受かって、アメリカに行って二年間、勉強することになった。私は一年ごとに違う学校に行きました。普通は同じところに二年行くんですが、私は最初から一年ずつ別の大学に行こうと決めていた。最初は、ミネソタ州にあるカールトンというアンダー・グラジュエート・カレッジ（大学）に行きました。カールトンは、一九六〇年の九月からです。

私は、最初の一年は、アメリカの中西部に行きたいと思ったんです。そこで、カールトン大学にアプリケーションを出した。なぜかというと、中西部は、アメリカのバックボーンと言われる地域ですが、そのあと訪れる機会が少ないと思ったからです。第二の理由が男女共学だったことです。絶対に、男だけの学校には行きたくありませんでした（笑）。

カールトンは大学院ではない。大学の普通のカレッジです。スペシャル・スチューデントと言った。だから、そもそも学位をもらわない。その代わり、英語などは一年生みたいなことをやっていました。あとは、アメリカン・スタディーズとか米国史とか米国政治学とかです。四年生でよくできる学生しか受けさせてくれないような授業も取って、自由にやらせてくれて、楽しかったですね。

後年になって頼まれて、その大学の卒業演説もやりました。さらにその後、その大学の理事も八年間やりました。今でも、アメリカの友人にはカールトン関係者が多くいます。

——カールトンでの生活は？

カールトンには一年間いました。行ったとたんに何をやったかというと、二年目の大学をどうするかということです。

私は、二年目はロースクール（法科大学院）に行きたいと思った。ロースクールだったら、前にやったこととの引き継ぎだから少し楽だろうという非常に不純な動機でした。それから、〔専門が〕アメリカなんだから、いずれワシントンに勤務することもあるだろう、と。アメリカの議会の人たちを見ると、ロースクール出身者が多い。半数以上がそうです。ですから、ロースクールに行っておくと、何かの足しになるかもしれないと考えたわけです。

それで、カールトンに入ったとたん二週間ぐらいで、翌年に入るロースクールのアプリケーションを書いた。その時、東大法学部時代に面識のあった伊藤正己先生に推薦状をお願いしました。もちろん元の原稿は私が書くんですが、ルームメートが添削してくれて立派な手紙になりました。それを日本に送ると伊藤先生がサインして直接ロースクールへ送ってくださった。

イェール・ロースクールに移る

福田　イェールとハーバードにアプリケーションを出したところ、イェールからすぐ合格通知が、本当に二週間ぐらいで来ました。それで、ハーバードは断って、イェールに行くことにしたのです。イェールから内定があったので、あとはのんびり暮らしました。
日本の外務省からイェールに入ったのは、私と、のちにプロ野球コミッショナーをさっさと辞めてしまった加藤良三という元駐米大使の二人だけです。あとは外務省の人間は入れてくれない。なんかよほど悪いことをしたのではないか、と言っているんですがね（笑）。

――その後ずっと、ですか。

福田　はい。その後ずっと今日に至るまで、イェールのロースクールに入れてくれない。ロースクールの方針としてでしょう。イェール・ロースクールは、法科大学院の先生を育成することに最大の重点を置いていますから。

イェール・ロースクールの学生数は、ハーバード・ロースクールの三分の一ぐらいです。ところが、教員の数はハーバードと同じなんです。それで、私はイェールのほうがよいと思った。外国人ですから、英語はあまりできないわけです。授業だってよく分からないことがいっぱいある。イェールのように教員数が多いと、先生に会いやすいだろうと思いました。

事実その通りでした。ハーバードは、アポイントメントを取って先生に会いに行くと言います。だけど、イェールは、アポイントメントなしで先生の研究室に行って質問することができる。最後の頃になると、夜、先生に電話して、「あなたの言っていたことが分かりません」とか言う。「教授に電話して一時間も粘るのはめったにない」と言われました（笑）。

――きちんと応答してくれるところがすごいですね。

福田　いやあ、もう親切でした。

あの頃は、同じロースクールと言っても、ハーバードはジャッジ（裁判官）を作り、コロンビアはウォール・ストリート・ロイヤー（金融に精通した弁護士）を作り、イェールはプロフェッサー（教授）を作ると言われた。今でも、アメリカのロースクールの先生の一〇分の一は、イェール・ロースクール出身です。今でもあまり入学者数を増やしていない。

イェール・ロースクールへのアプリケーションは七〇〇〇人ぐらいあって、入れるのは二百何十人です。だから、外交官を取ってもしょうがない。そういうことだと思いますね。弁護士志望でもあまり入れない。私などは変わり種なんです。最後に最高裁判所に行ったから、「まっ、いいや」と思っていますけどね（笑）。

話はまた前後してしまいますが、だんだん記憶というのは戻ってきます。イェール・ロースクールに行ったら、速読テストがあった。このテストは、日本人など外国人もアメリカ人もみんなが対象です。というのは、ロースクールでは、ケースブックを速く読めないとついていけない。速読みでないと、自然に成績が悪くなる。だから、テストする。遅い学生は、速読を訓練する夜学でしごかれる。試験をしたら、私は、ルームメイトのアメリカ人より読み方がずっと速かった。一分間で二四〇〇ワードぐらいじゃないですかね。

――平均的なアメリカ人で一分間何ワードぐらいですか。

福田　一〇〇〇ワードちょっとぐらいじゃないですか。私は、日本語でも読むのは速いようです。

一時間に一〇〇ページぐらいは読みます。

でも、自分は読むのが速いということは、それまで知らなかった。テストでは、「あなたは何ワード読めるか」と、本を一五分間くらい読ませる。それで、本を回収されて、問題が配られる。四択式ですけれども、読んで理解していない人は絶対に正しい答えが出ない。そして、何日か経つと採点が来る。それで初めて、ルームメートのアメリカ人よりずっと速いことが分かった。そのルームメートは、かわいそうに夜学で速読を勉強させられる羽目になりました。

――日本語を速く読むのと英語を速く読むのとでは、ずいぶん違うような気もしますが。

福田　基本的に、共通だと思います。

日本語はいわゆる斜め読みです。英語は真ん中だけを読みます。横書きの真ん中だけを読む。そして、絶対に前に戻らないのがコツです。戻ったらダメです。スピードが落ちます。ダーッと読んでいく。

私が一番、アメリカのもので苦手だった科目はアメリカン・ヒストリーでした。先住民族の名前がいっぱい出てきて、ロジカル・シークエンス（論理的順序）がないからです。チェロキーだろうとアパッチだろうと、ロジック的にはウェイト値は同じです。どっちが先で何をやったというのは関係ないんですね。

――速読の時には、主語などは重要じゃないわけですか。

福田　ロジカルな、特に、ロースクールだから、ロジカルなことを読んでいけばいいわけです。日本の速読を見ていると、「マルとかバツとかの標識がいくつ出てきた」というようなことをやっていますけど、あれは本当の速読ではないと思います。それは識別で、交通標識と同じです。

　速読というのは、あくまでも中身にどういうことが書いてあるのかを理解するということですから、「一分間にいくつのマルがありましたか」なんていうのは、自動車の免許試験ならいいけど、速読のテストとしては間違いだと思いますね。

――速読の修練とか鍛錬になったのが、図書館での文学全集ですか。

福田　鍛錬かどうかは知らないんですが、昔から速読だったんでしょうね。

――それで速くなったのではなく、もっと前から？

福田　自然にできたんじゃないですか。だから、すぐ読んで、「はい、読みました」と言って返して怒られたこともあります。「ちゃんと読んでくれ」と言われ、「だから、ちゃんと読んでいます」と言って書かれていた中身を復唱し、ご納得いただいたことがあります（笑）。

――小学校時代から速かった？

福田　速かったんじゃないでしょうか。自分はイェールのロースクールで速読のテストがあって、自分は速いんだと認識するまで、速いということを認識していませんでした。知らなかったんです。

――では、六〇冊、一二〇冊を次々と読まれたのも、別に他の人も気にならずに、ご自分の世界で次々読んでいかれたのですね。

福田　それで、気がついたのは、世界文学全集っていうのは、いかに誤訳が多いかということです。

――高校時代に、そこまで分かるんですか。

福田　いや、大学生になってからです。世界文学全集なんていうのは、改訂版が何回か出ていますけど、もう出ませんでしょ。元は、ほとんどみんな誤訳があります。

――英語はかなり早い段階からお上手だった？

福田　いや、英語は下手くそでしたよ。アメリカに行ってからです。

――ということは、高校時代に英語が得意だったとかということは？

福田　一年生の時はてんでダメでね。先生が大嫌いでしたから。先生が嫌いだったら、絶対に勉強しません。ところが、二年生になって、池谷敏雄先生という素晴らしい先生に代わった。それで英語好きになった。

――ということは、高二が英語好きのスタートですか。外交官になられた方にしては結構遅いなあという印象ですが。

福田　外交官志望の方は、多くの人がイングリッシュ・スピーキング・ソサイエティー（ES

S）とか、そういうのに入っていたらしい。私は、そういうものはあるとは知らなかったから、全然行かなかった。だから全然できなかった。今でもできませんけども。

英語は日比谷高校の池谷先生のおかげです。池谷先生の教え方と人物とで、英語を勉強しようと。いずれにしても、当時は外交官なんて思っていませんでした。結果として外交官を目指したスタートが池谷先生になるかもしれません。先生というのは重要なんです。

——肝に銘じます（笑）。

イェールでの猛勉強の日々

——カールトンのあと、一九六一年に、イェールに入られます。

福田　そうです。先ほど名前のでた加藤良三さんは六五年に入学します。

——ということは、先生が初めて？

福田　外務省からイェール・ロースクールに入ったのは初めてです。

——イェール時代の思い出は？

福田　ひどい勢いでしごかれた。一年間、本当に勉強しました。日本でのすべての勉強のお釣りがくるくらいです。一番ひどかったのは、生徒が六人で先生が二人で、週に八時間くらい授業があって、しかも二単位しかくれないという科目です。

――週八時間で二単位ですか。

福田　うん、だからもう、ギリギリとね。legal problems of international trade（以下「国際貿易に関する法的諸問題」）という、その年初めてできた科目だったんです。先生がレオン・リプソンとベイリス・マニングです。レオン・リプソンは民法の先生で、五〇歳くらいで、日に三時間くらいしか寝ないというので有名な、恐ろしい先生でした。陰で「恐怖のアッティラ王」（Attila the Terror）というあだ名がついていました。

――恐ろしい、怖いんですか。

福田　怖いというか、強制的にガリガリ宿題を出し、ガンガンしごく。でも、私に対しては、外国人だからしょうがないから甘く見ていたんじゃあないですか。あと、ベイリス・マニングというのは、のちにスタンフォード大学ロースクールの学長になった。お二人とも亡くなってしまいました。

――「国際貿易に関する法的諸問題」という授業ですか。

福田　その年にできたロースクールの新しい科目です。ただ、その時、私にとても役に立ったのは、前の年のカールトンで、大変よくできる経済学のアダ・ハリソンという女の先生――ローヒールでパッタパッタと大股で闊歩する先生でしたが――、その人がリーディングリストという読むべき本のリスト、二〇冊ぐらいの書名が書かれたものを当時の謄写版で刷ってくださった。

「暇があったら、これらの本を読んだほうがいい」と言われたのです。私はちょうどカールトンを終わって、イェールに行くのに実質二か月半ぐらいありましたから――アメリカの国内旅行もしましたけど――、みんな読んでしまったんです。

――速読を活かされて？

福田　速読とは知らなかったが、役に立った。なぜかというと、その先生が読みなさいと言ったリストの本が、「国際貿易に関する法的諸問題」の授業の時、リーディングリストに「来週までに読んでこい」と先生が出した本と、ほとんどピッタリ合っていたからです。みんな読んでしまってあるんです。私は助かったんです。だって一週間に本当に一〇〇〇ページぐらい読むわけですからね。

――イェールに行かれる前から、ある程度そういう大変さというのは想像して、覚悟して行かれたんですか。

福田　いえ、全然。楽なんだろうと思って行ったんです。だから、そのリーディングリストが役に立ったんです。あれには感謝しています。

授業中、二人の先生は立っている時も座っている時もある。とにかく、勉強をガリガリさせる。本当にひどい目に遭いました。

――ソクラテス方式でいろいろと質問してくる？

福田　バンバンやりあうわけです。
――激しい議論という感じですか。
福田　まあ、初めての科目でしたから、向こうも手探りなんです。私が半分提案したんですが、「一般論ばかりやっていてもしょうがないから、何かプロジェクトを作って研究しよう」と。

それで何をするか。たしか、何百万ドルかお金があって外国に投資をするという前提で、外国に投資をしてその利益をどうやってアメリカへ持ってくるか。それで私が提案したのは――私だけじゃないけど――、一番確実に利益が上がるのは税金が少ないところだ。タックス・ヘイブン（tax haven：租税回避地）。今はイギリス領ケイマン諸島（カリブ海の西インド諸島にある）などですが、当時はまだない。つまり、そういうところはなかった。

だから私は、「いわゆる便宜置籍船（flag of convenience ship）の制度があるリベリアとかパナマとか、そういうところ経由で、資金を滞留させてアメリカに送金するといった方法が一番確実に利益が上がるんじゃないか。そういうのを研究しよう」と言ったら、それが採用された。それ

1962年秋、イェール・ロースクール時代。
ルームメイトの友人と中庭にて

で、みんなで手分けして資料を集めて、ああだこうだとやった。

――では、先生が教えるというよりは？

福田　一緒に研究するんです。共同プロジェクトみたいなものです。それで後で聞くと、その先生方二人はそれを立派な研究論文にまとめてどこかの企業に売りつけたそうです（笑）。

――本にして公開したのではなく、プロジェクト自体を売りつけたわけですか。

福田　よくは知りませんが、それを買いに来た企業があったということでしょうね。やっぱりアメリカの大学というのはそういうことが可能なんです。

――なるほど。そのようにして一年で卒業されたのですか。

福田　そうです。一年で卒業しました。卒業したければできるんです。だけど、日本の留学生は二年ぐらいかけている人も多かったですね。

――ＬＬＭ（Master of Laws：法学修士）を取得されて？

福田　そうです。ＪＳＤ（Doctor of Juridical Science：法学博士）とか、ＪＤ（Juris Doctor、法務博士）とかいろいろあるでしょうけど、ＪＳＤというのを取るのには、卒業要件に「在学二年」というのがあって、私は一年しかいなかった。

ロースクールの先生から、「延ばしたいか」と言われたんです。「延ばしたいなら、ワシントンにいる日本の在アメリカ大使に陳情するから」と。そして、そういう手紙が本当に出てしまったんです。日本大使館から「本当にいたいのか」と聞かれたから、「いや、もう結構です」と言った（笑）。もう、ボロが出るからね。ですから、「もう一年残して勉強させたい」という話が出たけれども、日本政府はケチで認められなかったということで留学は終わりにしました。

――実は、ご自身が「もう結構」と言われた。

福田　陰で言ったんです（笑）。ロースクールの先生のほうが乗り気になってしまってね。

――イェールの先生が「この学生にぜひＪＳＤを取らせよう」と。

福田　そういうことかも知れませんね。でも、なんにも役に立たないですからね。それこそ、先生にならないと。でも、私は先生と裁判官にはなれないと思っていました。というか、そういう見識は自分にはない、と本当に思っていました。だから、先生にはならなかった。けれども、のちに裁判官にはなってしまいましたけどね（笑）。

――イェールでビッケル教授の教えは受けた？

福田　ビッケルの憲法学の講義は聞きました。しかし、正直言って、半分くらいついていけなかった。判例なんかがたくさん出てくる。全部知っているわけではないですしね。基本的に、いわゆるソクラテス・メソッドです。とても太刀打ちできなかった。ずっと聞いてそういうものかと。科目としてとることはしませんでした。

――人数は比較的少ないんですか。

福田　そうですね、多くの場合せいぜい二〇人くらいです。講義形式というよりはディスカッション形式です。イェールには、いわゆる階段教室はありませんでした。

――ビッケル先生の印象は。

福田　あの先生は、非常に小柄で一六〇センチくらいでした。漆黒の髪をオールバックにしたルーマニア人です。小さい時に移民して来て、天下の大秀才で、ハーバード・ロースクールを「全優」で卒業しています。「全優」は何年かに一人しか出ません。そして、イェールの先生になった。でも、四九歳のとき病気で亡くなりました。基本的に保守的な考えの人でした。

――教え方などはどういう？

福田　私は、教え方がどういう、とそんなことを理解できるほどではなかった。外国人には、やっぱりその国の憲法問題をどうこうするというのは率直に言って難しい。日本人の留学生でそういうところが分かっているのは一人ぐらいしかいなかった。大内和臣さんという、最後は中央大学の法学部の先生になられた方です。イェール・ロースクールを出て、帰国していろんなところで教えられて、最後は中央大学です。もう音信が絶えて、一五年くらいになります。

――その当時、健康面での不安はなくなりましたか。

福田　不安というか、人並みに丈夫になりました。「一生治らない」と医者に告げられていた喘息がピタリと出なくなった。食べ方も増えた。そして、体重も増えた。驚くべきことです。七〇キロまで増えたわけですから。外務省に入った時の体重は、たしか五八キロです。

――身長からしたら、そんなにがっしりとは……。

福田 そうですね。弱かった頃は午後になると熱が出るんです。ある医師が言われたことで、なるほどと思ったのは、「大きな車を小さいエンジンで無理して動かしているみたいだ」というのです。朝はそうでもないけど、午後になると熱が出る。「結核じゃないか」とかずいぶんレントゲン取られたり、いろいろ調べられたりした。ただただ弱かった。

私は子どもの頃から体が弱かったのですが、本当に丈夫になったのは、外務省に入ってアメリカに行ってからです。これは一種の転地療養ですね。転地療養というのが、ああいうふうに効くとは思わなかった。転地療養が一番いいのは、たぶんアレルギーだと思うんです。アレルギーというのは、タンパク質で起こるものですからね。やっぱりアメリカと日本では全然アレルゲンが違うんではないですか。大陸が七〇〇〇万年前に分離して、アジア・ヨーロッパ大陸とは分かれていますからね。日本から持っていった大量の薬は四年後、日本に帰る時、みな捨てました。

ワシントン勤務

――一九六二年にイェールを卒業されます。

福田 そのあと、ワシントン勤務です。ワシントンに二年いました。

――では、アメリカには都合四年いらっしゃったんですか。

福田　そうです。ですからアレルギーが治ったんです。同じところに三年いれば治ると言います。三年で前のアレルギーが消えてしまった。

――ワシントンの大使館での肩書は？

福田　外交官補です。アタッシェ（attaché）と言います。今はありません。要するに、ヒヨコみたいなものでね。それを二年間しました。

――外交官の最初の仕事は？

福田　最初の一年間は経済班というところにいまして、二年目はプロトコール（protocol）というのをやりました。プロトコールというのは、大使の秘書官です。大変でした。一九六三年一一月にはケネディ大統領が暗殺されたりしてね。

――激動の時代？

福田　そうです。ケネディは一九六二年、イェールに、私の卒業式のとき卒業演説に来た人ですからね。

――経済班というのは、後々、経済局に帰られたりするのに影響はあるのでしょうか。

福田　いや、ないと思います。

――あまり、何畑とかいうのは関係ないのですか。

福田　それは、いろんな省庁の人が来ていますしね。ただ、その中で一番若いですし、他の省の人よりは英語ができるから、手伝ってあげたり、いろんなことをしてあげたりしました。

――じゃあ、経済交渉なども？

福田　交渉なんて大それたことはしませんでした。新聞記事を読んで「こんなのが出ている」と教えて、要約を作ってあげる程度です。

東京勤務

――その後、外務省で異動を重ねられました。

福田　一九六四年の八月にワシントンから帰ってきて、条約課に配属になりました。それで一九六五年の一月から一二月まで、日韓国交正常化というのをやりました。いろいろ担当しましたが、請求権の問題も私の担当でしたから、大変でした。あの一年間は、イェール・ロースクールの一年と同じくらい大変だったなあ。

――やはり、条約課に配属されたというのは、法律の専門家として？

福田　いや、たまたま人が足りないから、もらっていただいたんじゃないですか。課長が大変よくできる人で、その人がみんなやっていましたから、私はその末席補佐ということでね。

――交渉では、ソウルと往復されたり？

福田　いやいや、国交はしていませんから、向こうの人が来て東京のホテルで、お互い缶詰になってやったんです。

後半は国会です。野党が猛反対している国会を通すわけですからね。衆議院、参議院両方ともに強行採決だという時に、灰皿を投げる。灰皿にはタバコの吸い殻が入っていますから、部屋の向こうは灰かぐらで見えなくなってしまう。一番端のほうに政府委員席があるので、一番後ろの椅子の上に靴を履いたまま立ち上がって展望していました。委員長なんかの背広はズタズタになるしね。ネクタイを引っ張ると、首が絞められる。さすが委員長も優れものでね、ゴムでのびるネクタイをしていました（笑）。あれは大変でしたよ。あの一年はひどかったなあ。

1965年6月24日、日韓基本条約署名の2日後に日韓両国外相による共同声明発表があり、同日レセプション会場にて。当時条約課事務官。右は韓国外務部部員

――ちょっと話がそれますが、ご結婚はいつですか。

福田　私は遅くて、一九六七年です。それまで忙しくって。もうとにかく、独身というか、両親と一緒に住んでいました。

——アメリカはずっとお独りで？

福田　そうです。

——もし差し支えなければ、出会いについて……。

福田　友だちの家で会ったんです。外務省に入る前からよく知っている人のご両親が、家内の両親を知っていて、自宅が近かった。そこで「お茶を飲む」ということで、私が行ってタバコを吸った。煙幕ですね。そしたら「タバコを吸う、なんか柄（がら）の悪い奴だ」と。それなのに決めてしまったのは「一生の失敗、間違いだ」と家内は言っています（笑）。

——初めて会ったのは何年頃ですか。

福田　一九六六年の九月ぐらいです。半年ちょっとで結婚しました。結婚は翌年の四月です。

——会われた時、一生の伴侶だという第一印象？

福田　いや、全然ないです。向こうはやめてもよいと思ったらしいですが（笑）。

——タバコのことでですか。

福田　いや、まあとにかく、麻雀好きらしいというので。これも向こうには評判がよくない。両親は二人とも真面目な学者ですから。こちらも忙しいですしね。デートの方法も知らないですし。だからしょうがないから、レストランに食事に行ったんですね。

ある人がこういうレストランに行くといいっていうリストをくれました。みんなすごく高いところでね。でも、片っ端から行って、家内はそれで騙されたと言っています。リストを作った人があとで教えてくれたんですが、自分が行きたいと思ったけど高くて行けないところのリストだったそうです(笑)。

――ホテルとかのレストラン？

福田　そうです。ホテルとかのレストランに、片っ端から行きました。ホテルオークラのレストランとか、いろいろ行ったんです。帝国ホテルはあまり行かなかったけれど、パレスホテルにはずいぶん行った。

なにしろ、すごく忙しかったからね。月給はすごく安かったんですが、使うことがない。だって、両親の家に住んで、真夜中に帰る。昼は食堂か、ラーメンの出前を取って席で食べながら仕事をする。ですから、そういう意味では、お金は溜まっていたわけです。

――ホテルなどの美味しいものめぐりで、奥様を射止めたと。

福田　というか、それしか知らなかった。今だったら、食事はいろんなものがあるでしょう。そういうものがなんにもなかったですからね。

――新婚旅行はどちらに？

福田　京都と川奈に。私はこっそりゴルフしようと思っていたんですが、やる暇がなかった。

――ゴルフはいつ頃から？

福田　外務省に入ることが決まって、「外交官として習わなければいけないものが三つある」と聞きました。自動車の免許と、社交ダンスと、ゴルフのレッスンです。

大学の卒業まで半年ぐらいありましたから、自動車免許を取って、社交ダンスを習った。ただ、ダンスは全く上手にならなくて。ゴルフもうまくならなかったけど、習いました。もう、めちゃめちゃなゴルフをやったんです。だから本当に下手です。

――当時、ゴルフというと、かなり高嶺の花？

福田　そうです。ですから、ゴルフはハーフセットを上野のアメ横で買いました。当時、東大の検見川（千葉市花見川区）にゴルフ場があったんです。今の農学部の実験場みたいなところにゴルフ場があった。コースは短いですが、自分でセットを担ぎ、ハーフで回った。そこにはよく行きました。

――外務省が契約しているゴルフ場はなかったんですか。

福田　そのゴルフ場は、東大が持っていたんです。ただ、のちに国会で問題になってゴルフ場ではね、なくなりました（笑）。それは、学生時代の話です。

外務省に入ってからは、もうゴルフする時間もなくなってしまいました。ただ、イェールにいた時に、ゴルフを一回やりました。イェール大学はゴルフ場を持っている。とてもいいゴルフ場です。そこでゴルフをやっていたら、ショートホールで四人の全員がワンオンしたのかな。そしたら、どっかから出てきた人が、「おまえらは学生のゴルフ部か」と言うので、「とんでもない、たまたまやってきて打っているんだよ」と言ったことがあります。

　まあ、その頃から何にも進歩していない。むしろ退歩しただけです。

——新婚旅行で川奈に行かれた時は、ゴルフはできたんですか。

福田　できません。やりたいと言い出せない雰囲気でね。別送してあったゴルフセットは、送り返しました。企みは成功しなかったというわけです。

——ところで、お住まいは、どうされましたか。官舎などには入られず……。

福田　私は、その頃、体が大きくなっていたので、官舎っていうところは無理な点がありました。たとえば、「東村山に官舎があるから入らないか」と言われたことがあります。サービス残業時間一五〇時間というのが普通の頃でしたから、そもそもそんな所に入ったら職場から遠すぎる。それでも一回行ってみたら、私の靴が大きすぎて靴脱ぎのところの置き場にまっすぐ置けないんです（笑）。

　これではとても住めないと思いました。だから最初から民間のアパートを借りたので随分高かったです。

——今も民間にいらっしゃるのですか。

福田　三〇年ほど前に、家内の父が売却した土地に建ったマンションを買ったんです。マンションの一戸を、私はとにかく少しは自分の金を出さなきゃと思って、四分の一買ったんですよ。それを月賦で払うのは大変でした（笑）。

最後に払い切ったのは、外務省の退職金をもらった頃ですかね。

――いいところにあるマンションなのですね。

福田　そうですね。家内の曾祖父、山本達雄（一八五六～一九四七年。日銀総裁、大蔵大臣、貴族院議員などを歴任）は、実業家としても非常に優れていたし、その後、政治家になりました。その曾祖父には娘しかいなかったので、娘の子どもを自分の養子にしたんです。それが家内の父、山本達郎（一九一〇～二〇〇一年。東洋史学者、東大名誉教授）です。

ですから、家内の曾祖父と父との間は、法律的には親子関係なんですが、血縁的に言えば祖父と孫になるわけです。私たちの世代から言うと曾祖父です。なかなか有名な人で、四五歳くらいで日銀の総裁になって、勧銀（日本勧業銀行）の総裁もやって、大蔵大臣もやって、農商務大臣もやって、最後は内務大臣でした。

関係する書類が自宅にあって、曾孫の時代になるとだれも分からない。私だけ何とか分かるんですけども。だから、数年前大いに頑張ってすごい勢いで、片っ端から燃えるゴミで捨てちゃいました。

――何か貴重な記録があったのではないですか。

福田　ありました。関係の政府機関にお渡しし、将来、情報公開法に基づいて公開されるものもあります。家内の父、山本達郎は歴史学者で文化勲章もいただいたのですが、二〇〇一年一月に亡くなりました。九〇歳でした。

今年（二〇一五年）の四月五日に公表されたので、今だから言えるんですが、「平成」という元号を考案した人です。

——当時、どなたが考えたのかかなり話題になりました。

福田　東洋史の歴史学者で、最初はベトナムを専門にしたんです。しかし、非常に視野の広い人で、ベトナム語はもとより中国語など七か国語くらいできました。英語とフランス語は私よりずっとうまかった。その道ではかなり知られた人です。

その連れ合い、つまり家内の母、山本澄子（一九一四～九七年）も父が亡くなる四年前に亡くなったんです。ふたりともたまたま私が近くにいた時に亡くなったので大変でしたが、家内の母も学者でした。私が家内と結婚することになって、家内の両親と初めて一緒に食事したんですけど、「両親とも学者なんてやだね」なんて思った覚えがあります（笑）。

家内はちっとも勉強しないので、「どうして勉強しないの」と聞いたら、「勉強は両親がしちゃったから」と言うんです（笑）。

家内の父、山本達郎が元号を作った話に戻します。

元号があるのは、やっぱり中国がもとになったんですが、中国はいわゆる中華民国革命で一九一一年に元号がなくなってしまう。元号は、昔の朝鮮王朝などにもあったんですが、最後まで残ったのはベトナムなんです。ですから、家内の父は、中国とベトナムの両方の元号をよく知っていました。当時の内閣は、こっそり何人かに頼んだのですが、その中の一人でした。でも、口が堅かったから私にも何も言わなかった。

——小渕官房長官が「平成」の額をテレビで掲げて……。

福田　そう。あれを見てね、家内の父と母が顔を見合わせているので、「あるいは」とは思いもした。ただ私は、彼がベトナム史には大変詳しいのをよく知っていましたから、「元号を考えるのには家内の父なんかは適当なんじゃないか」と誰かに言ったことがあります。しかし、本当に本人がそんなことを頼まれているなんて、全く知りませんでした。

私のところにも新聞記者が来たんです。元号について私が何か知っているんじゃないかと思われたんでしょうが、それは私が以前に総理秘書官をしたので何か知っているかと思ったのかも知れません。ともかく家内の父は口が堅くて絶対に口外しないですからね。

その後のことですが、家内の父がどうやって平成という元号を考えたかという書類のコピーは私も持っています。いずれ、あの書類の原本はきっと公文書館かなんかで公開されるんでしょうね。

――当時こういう思いで考えたとかおっしゃっていたという記憶はありませんか。

福田　ないですね。

これは本人が考えた話ではないけれども、こんな見方があります。日本の近代史は明治から始まりますが、明治は「M」、大正は「T」、昭和は「S」なんです。元号の候補が出てきた時、いずれにも使われていない平成の「H」というのはいい、と内閣のほうが思ったようです。

しかし、家内の父が「平成」という案を提出した時には、本人はそんなことを考えないでいろいろと調べて、「これがいいんじゃないか」と思っていたはずです。

――なるほど。

福田　家内の父が後になって私に言ったことは、要するに、「元号というのは、普通の人が使いたいと思って使わなければ、それはだんだん意味がなくなっていくものだ」ということです。「だから平易でなければならない」。そういうことを言ったことがあります。そう自分は思った、ということです。まあ、これは私のオーラル・ヒストリーには全く関係のない話ですけど（笑）。

総理秘書官に就任

――外務省にずっといらっしゃった中で、一九八六年から八七年にかけて、総理秘書官をされます。

福田　中曽根さんは、一九八六年に四年で退陣するはずだったんです。自民党の慣例で、二年を二回やると、それで総裁は交代する。総裁が交代すれば総理も交代する。まあ、そういうことになっていたわけですが、「寝たふり解散」で同日選挙をやって大勝したんです。大勝したので、交代するのを一年延ばした。

ところが、外務省から出向していた秘書官は交代させざるを得ない。外務省出身の当時の総理秘書官は大変きちんとやる人だったけれども、一年延ばして計五年もやらせると年次的に局長にできなくなってしまうんです。

私は、一九八五年まで人事課長をやっていました。翌八六年の夏、つまり人事課長を辞めたあとに総理大臣が交代するはずだと考えていました。その総理に適切な秘書官の候補を残して、あとは人事異動をしてしまったんです。

そうしたら、「寝たふり解散」で中曽根総理が一年続投になってしまった。当時の秘書官も外務省に返すことになっていましたから、外務次官室に呼ばれて、「後任は誰にするのか」と聞かれた。

その時、私はアジア局審議官になっていましたが、「そんな人はいません」と答えた。「総理の後任は候補者と噂されていた三人のうちの一人がなると考えていたから、それについては手当てしてあります。だけど中曽根総理が続投されるとは想像していませんでしたので、適当な後任はいません」というように答えた。

そうすると、「君ね、前人事課長としてそういう人事をしたという責任がある。君が行きたまえ」というから、冗談じゃないと思い、「ご存知のように、私は秘書官を必要とする人間であることは認めますが、自分が秘書官なんかとてもできません。迷惑をかけるだけです」と申し上げた。でも結局、「行け」と言われて、総理秘書官になってしまった。

しかし、あの一年間の経験は貴重でした。国会ではもちろん多くの政治家と接触していたけれども、初めて政治家なるものの下で働いた。中曽根総理は、努力家で、いつか総理になったらこういうことをするというノートも作っていて、「さすが」と思いましたね。一年間本当に勉強になりました。

今でも時々お目にかかります。この間もお昼ご飯を一緒に食べたし、夏は毎年必ず軽井沢の別荘へ行って一時間は話しています。

——思い出としてよかったなあ、というのは？

福田　中曽根総理を見て、本当の政治家というのは、こういう人かと分かった。政治屋ではなくて、政治家、ステーツマンですよ。政治的な野心だけで動いているポリティシャンではなくて、国のことを思って仕事をしているステーツマンです。

——それをどういう時に感じたのですか。

1987年４月30日、ホワイトハウスでの公式晩餐会でレーガン米国大統領に挨拶する福田総理秘書官。左端は中曽根康弘総理大臣、中央の女性はルーズヴェルト儀典長

福田　それはずっと一年間です。

中曽根総理から「君、高校の先輩と後輩のつもりでやろう」って言われたことがあります。旧制高校のことを言っているんです。そんなこと言われたって、こちらは新制高校ですから旧制高校なんて知らないわけです。

総理は、静岡高校を「しずこう」と呼んで、母校の出身者を大事にしていた。当時の自民党は共産党が大嫌いだったわけですが、正森成二（一九二七〜二〇〇六年）という共産党の衆議院議員が国会で質問すると、正面から馬鹿丁寧に答えるんです。私はある時に、「共産党なんだから、もうちょっと、つっけんどんにやったらどうですか」と言った。そうしたら、総理は、具合の悪そうな顔して、「彼は、しずこうの後輩なんだ」とね（笑）。

あれはおかしかった。

——人柄が浮かびます。よかった反面、大変だったところは？

福田　大変ということはなかったなあ。それは忙しいとかそういうことはありますよ。だっても
う四年もやっていて、外国のことにも大きな関心を持っている人だし……。まあ、本当に勉強に
なったもんです。

――官邸のお部屋には官房長官がいて？

福田　後藤田正晴さん（一九一四〜二〇〇五年。警察庁長官、衆議院議員、自治大臣、総務庁長官、
法務大臣、副総理などを歴任）は、よくできた。

ペルシャ湾に掃海艇を派遣するという話だったかな。「君が総理に言わせているんじゃないだ
ろうな？」と聞く。それで、「私が言ったら、ハイハイって聞く総理だと思いますか？」と答え
たら、「まあ、そらそうだ」なんて笑っておしまいになったことがあります。

後藤田さんも亡くなるまでずいぶん親しく付き合わせていただきましたけども、あの人もとて
も立派な人でした。辞めた後はずいぶん丸くなられたけれど、やっぱりカミソリだった。蛇足で
すが、私は個人的には、掃海艇はもっと早く派遣してもよかったのではないかと思ってはいます
がね。

話が飛びますが、私は、集団的自衛権は別に憲法九条に関係ないと考えています。

一九二八年に不戦条約ができて、いわゆるケロッグ・ブリアン協定ですね。あれで戦争は不法
行為だと言って禁止された。それまでは、戦争というのは、国際法では、紛争解決の最終の自力

救済手段として許されていたんです。領土の取り合いとか、カネの取り合いとか。決闘みたいなもんです。最後の決着するのが決闘だと。しかし、その後、決闘は犯罪となった。戦争も同じ。国際法の発展で犯罪となった。しかし、そういう時でも正当防衛とか緊急避難というのは今でも認められるわけです。自衛権というのは個別でも集団でも、一種の正当防衛です。

わが国の歴史で、そもそも一番悪かったのは明治憲法の一一条に、軍は天皇がこれを統帥する、という規定があったことです。この規定で、軍が内閣とか帝国議会のコントロールの下におかれなくなった。それがすべての問題の根源なんです。だから今の憲法は、九条だけではなくて、天皇は国事行為しかできないとか、文民しか閣僚になれないとか、そういうようなことも通じて、自衛隊や軍が完全にシビリアン・コントロールの下になるようになった。

それで憲法九条は何を書いてあるかというと、戦争はやってはいけない。それは一九二八年の条約ですでに約束していたことであるが、日本がそれを守らなかったから国内法の最高法規である憲法で担保するという規定です。国連憲章には、自衛権として、集団的自衛権も個別的自衛権も書いてある。

そもそも不戦条約を作る時に自衛権はどうなるかということも議論されているんです。ラテンアメリカなんかがいろいろ問題提起をして、戦争の禁止によって自衛権は否定されないということがはっきりしている。憲法九条は戦争をすることを禁止している、しかし、自衛権は否定されない。ただし、自衛権の名前の下に――集団的自衛権のみならず個別的自衛権でも――戦争を正当化することはできないということです。

今の国際法は戦争を禁止している。戦争というのは、自分たちの言い分を通すために自力救済的に武力を行使することです。ハワイの真珠湾を爆撃したのを、自衛権と言って正当化する人がいるけれど、いくら石油を禁輸されようとなんだろうと、あそこまで行って爆撃することが自衛権の行使とはとても言えないです。

ついでに言うと、私が、のちにマレーシア大使になった時、わが国はペルシャ湾に掃海艇を出すことになりました。掃海艇というのは足が短いんです。木造船ですから。というのは、金属があると機雷が寄ってきて爆発する。だから、すべて木でできている。今はプラスチックらしいですが。

それで、五〇〇海里ごとに港に立ち寄らないとダメなんです。「マレーシアのペナンに寄るから、文句ないかどうかマレーシア政府に聞いてくれ」という訓令がきたので、下の事務レベルに聞いても時間がかかるから、マハティール首相に直接「どうですか?」と尋ねた。

そのとき首相は、なんと言ったと思いますか。マハティール首相は、「もう戦争は終わった。掃除に行くのにいちいち許可を取ることはない」と言った。それから、「もっと日本は早く行くべきだった」と言われた。それで、電報を打ちました。それに対しては結局、なしのつぶてでしたがね。だけど、もちろん問題なかった。つまり、自衛権で戦争を正当化することはできない。個別的自衛権でもダメなんです。集団的かどうかは関係がない。

外務省に戻る

――総理秘書官から外務省に戻られて、一九八七年の一一月六日に大臣官房付、翌月一二月一五日に大臣官房審議官になられます。

福田 それで、条約局兼務ですね。一年間、条約局審議官をやりました。

――一九八九年の一月二七日に条約局長に就任されます。

福田 条約局長時代の一番の仕事は国会答弁です。事務方の答弁は、大蔵省（現・財務省）の主計局長と外務省条約局長がみんな答弁するんですすよ。

――どういうようなところが大変ですか。

福田 質問が突然降ってくるということですね。総理大臣、その頃は竹下登さん（一九二四〜二〇〇〇年。衆議院議員、内閣官房長官、大蔵大臣などを歴任、一九八七年から一九八九年まで内閣総理大臣）が、こっちを見るわけです。つまり、大蔵省主計局長と外務省条約局長が座っているわけです。その二人で事務方の政府答弁を大体全部するわけです。

――予算委員会ですね。

福田　そうです。立ち上がって、答弁席まで一〇メートルぐらいありますかね。その間にどう答弁しようかって考えるんです。

──前の日に若い人が質問取りをして、朝までかかって答弁を作ると言いますが。

福田　そんなのは、そもそも総理とか大臣が答えてしまうし、こちらに来るのはいきなり関係ないことです。

一回、私が、「そういうことは詮索しないでもらいたい」と答弁したことがあって、それで審議が止まってしまった。「すいません、じゃあもう一回再答弁」と立ち上がって行って、「失礼しました。大変失礼な言葉を使ったのでお詫びします」と述べた。でも、「私が言いたかったことは、そういうことは聞いてくれるなということです」と付け加えて、それでまた審議が止まってしまった（笑）。

──そういう時に、総理などから一言言われたりとかは？

福田　その時は、あとで、橋本龍太郎さん（一九三七〜二〇〇六年。衆議院議員、運輸大臣、厚生大臣、大蔵大臣、通商産業大臣、内閣総理大臣などを歴任）から「名答弁」と書かれたメモが回ってきました。

聞かれて答えると、ろくなことが外交問題で起こらない。そんなことは聞いてもらっては困る、と。日韓関係なんですけどね。だから、それはそれなりに非常に正直に答えたんです。「詮索する」なんていうのは言葉遣いが悪かったけれども。「聞いてくださるな」とそういうふうにしたら、また何をというもんで……。

――歴代の条約局長の中では、かなりユニークなご存在だったわけですか。

福田　いやいや、もっとすごいのがいっぱいいました。私なんかは、いい加減なもんでね。もともと条約局に戻るはずではなかったんです。総理秘書官が終わって、どういうわけか、「三週間ぐらい遊んでいろ」と言われて、家内と二人で能登半島に旅行に行って骨休めをした。帰ってきたら、「条約局だ」と言われて、「ええーっ」となった。

でも、条約局に戻ったから、のちに最高裁へ行ったんです。条約局長をやっていなかったら、最高裁に行きませんから。

――一九九〇年からマレーシア特命全権大使に転任されます。マハティール首相らに直に、いろいろと話をされましたか。大使というのは、現地の元首とか大統領とかに直接いろいろ話をするのは通常なんでしょうか。

福田　いえ、国によります。私が赴任したマレーシアは日本を大事にする国なんです。親日的です。

――たとえば、マハティールさんに会おうという時は、アポとか取ってすぐに会えるものなんですか。それともなかなか厳しい？

福田　普通は会えないでしょうね。

――でも福田大使はよく会われた？

福田　まあ、よく会いました。

――その秘訣というか、秘密は？

福田　まあ、マレーシアの歴代大使の方は皆さん、同様にお会いできたんでしょうか。マレーシア側、マハティールさんが日本のことを大事にしていたからでしょうね。

福田　まあ、わりにマレーシア、マハティールさんは日本大使には親切でした。

――これは素朴な質問なんですが、外交官が大使に出る時に国を選べるものなんですか。それとも、大使の「格」というようなものがあって入省年次からほぼ機械的に決まっていく？

1991年9月。アズラン・シャー国王より勲章を授与される福田・在マレーシア大使。同勲章は、タンスリという称号を伴っている

福田　大使人事は機械的ではありません。適性を見て決めます。それは私が人事課長だったから確かなことだと言えます（笑）。

――当然、格といいますか、Aランク、Bランクとか？

福田　そうです。月給が違いますからね。対象者の数は、結構限定されているんです。

私は一つしか大使をしなかった。最高裁に行ってしまいましたから。ただ、マレーシアは一番よかった。なぜかというと、あれだけ親日的な国は他にないんです。アメリカとか、いくら大国で友好国だって、日本はワン・オブ・ゼム（one of them）ですからね。

――なるほど。最も、というぐらい親日的と言えますか。

福田　最も、です。トルコとかバングラデシュとかも親日的ですが、しかし、周りにいっぱいいろんな国がありますしね。断然、プレゼンスが大きいのは、マレーシアにとっては日本なんです。

――東南アジアにおいてのみならず、世界的にも？

福田　そうです。だから非常にラッキーでした。

――その着任の背景みたいなものは、先生はどこかからお聞きになった？

福田　いや、知りません。でも、マレーシアに行けるらしいとは、発令のちょっと前にどこかから聞こえてきましたし、なってよかったです。

――行ければいいな、みたいなことは、ある程度言えるんですか。

福田　そんなことは言わない。言ってくる人はいます。でも、私は人事課長をしましたから、そんなことは言いません。

――それで帰国されて外務審議官に？　これは政務担当という表現でよろしいですか。

福田　そうです。経済担当と政務担当がいます。

――この時の大変さは？

福田　まあ、外回りですからね。成田空港に行く高速道路の八〇回の回数券を、二年間で使い切って買い足しました（笑）。

それから、政務担当外務審議官は総理外遊には必ず同行しますが、二年間で計一二回お伴しました。羽田空港から特別機でです。

――外交官はパスポートが違うんですね。

福田　そうです。印を押したりします。だけど足りなくなってページを足すこともあります。

――最も大変だったのは、交渉として懸案だったのは？

福田　懸案はもっと下のほうでやるか、上のほうでやるかで、外務審議官というのは……。

――北方領土は？

福田　北方領土、これは大変だった。けれど、結構私は、日本側の言い分を通したほうだと思います。東京宣言というのが一つ、領土問題の関係部分は私

1995年1月、政務担当外務審議官としてサウジアラビアを訪問。サウド王子（サウジアラビア外務大臣）と。右は、丹波實・在サウジアラビア大使（当時）

がロシア側と確定しました。

――お話しできる範囲で、思い出話などがあれば？

福田　あの東京宣言はなかったことにしてくれと、ロシアは思っているんじゃないですかね。

――失敗したっていうことですか。

福田　うん。あれを消すために、彼らはそのあと一五年くらい苦労したと思います。今は消したと思って勝手なことを言っていますけど。ああいうのは、ロシア側も合意して作成された歴史の文書として、ちゃんと生きているわけですから。

――そこに至るまでのご苦労は？

福田　最後は膝詰め談判です。でも、それ以上は、お話しできません。守秘義務がありますから。

第三章　最高裁判事就任

就任の経緯

――外務審議官を一九九五年八月までされて、外務省参与になられます。

福田　それは、無職ではなんなので参与という肩書をくれ、と頼みました。もちろん無給です。八月四日に外務省を退官し、九月四日に最高裁判事に任命されるまでのちょうど一か月間です。

――最高裁判事に就任する経緯は？

福田　一九九五年の三月には決まっていた。いや、四月だな。五月の連休には完璧に決まっていました。

本当は駐米大使の栗山尚一（たかかず）さん（一九三一～二〇一五年。一九五四年外務省入省、条約局長、駐マレーシア大使、外務事務次官、駐米大使などを歴任）がなると皆が思っていたのですが、彼が嫌だって言ったんですよ。

栗山さんのお父さんも、栗山夫人のお父さんも、両方とも最高裁判事でした。栗山茂さん（外務省条約局長、駐ベルギー大使などを経て、一九四七年から五六年まで最高裁判事）と、それから奥さんのほうは藤田八郎さん（大阪控訴院長などを経て、一九四七年から六二年まで最高裁判事）です。だから、当然なると思っていたら、彼が嫌だって言ったんです。

それで、私は、ちょうどワシントンに出張する機会があったから、「あなたはどうして受けないんですか」と尋ねた。彼は非常に温厚で、私は近しい関係にあったんだけれども、憤然として「絶対、僕はならない、僕はああいうのは務まらない」って言ったんですね。

――理由は？

福田　栗山さんは、お父さんを見ていて、自分は向かないと思ったらしいですね。外交官出身の最高裁判事は、条約局長経験者じゃないといけない。そうすると、条約局長経験者をずーっといくと私なんですよ。

私は、最高裁判事になるのが決まった時はまだ五九歳でした。八月二日が誕生日ですから、外務省を辞めた一九九五年の八月四日は六〇歳になっていた。そして、その翌月、九月四日に最高裁判事になり、二〇〇五年の八月一日限りで定年退官した。

しかし、その翌月の九月には七月に弁論をやった事件の判決言渡しがいくつかありまして、九月末までは実質上、〝金縛り〟なんですね。ですから、本当に最高裁判事を一〇年間やったんです。一〇年やったっていうのは、別に能力があったからではなくて、たまたま就任するのが早かった。私を最高裁判事にすることの問題の一つは、若すぎないかということでした。

ところが、草場良八さん（一九二五年〜。東京地裁判事、東京高裁長官などを経て、八九年に最高裁判事。九〇〜九五年、最高裁長官）が最高裁の長官でした。草場さんは一九九三年に、私がマレーシア大使の時に、私がマレーシアから日本に帰る半年ぐらい前に、マレーシアに最高裁長官として外遊で来られたんです。その時、私を見ておられて、構わないのではないかというご意見だったようです。

あとは、どうやって私の名前が出ないようにするかというのが問題でした。

そうしたら、読売新聞に写真付きで小和田恆（ひさし）さん（一九三二年〜。一九五五年、外務省入省。外務事務次官、国連大使などを歴任。現在は国際司法裁判所判事）が最高裁判事になるという記事が出た（『読売新聞』一九九五年六月二日付朝刊「政府は一日、九月一日で定年退官を迎える中島敏次郎最高裁判事の後任に小和田恒・国連大使を起用する方針を固めた。」〔編者注：中島敏次郎氏　一九二五〜二〇一一年。一九四八年、外務省入省。条約局長、外務審議官、駐中国大使など歴任後、一九九〇年から九五年まで最高裁判事〕）。

しかし、あれは全くの誤報でした。でも、あの記事のおかげで、私のところに取材が来なかった。助かりました。

――マレーシアで草場長官が来られた時、先生は草場長官とは、面識は当然なかった？

福田　ありません。草場長官とは全くの初めてです。しかも自分が最高裁判事に二年後になるなんてことを知らなかった。全く思っていませんでした。

――最初、一九九五年の三月頃にもう話があった？

福田　三月の末ぐらいに、もしかしたら可能性が出てくるなと。というのは、それまでに栗山さんが断ることは明らかだったんですね。それで、「外務省から条約局長経験者ではない人を出せるか」という話が内々に出始めた。

――それは首相官邸においてですか。

福田　官邸と外務省と両方でしょうね。それで、「私、行ってもいいです」と言ったんです。たまたま、栗山さんが断りましたから。

――行政官という枠ですね？

福田　「枠」というのはないです。六人の裁判官、四人は弁護士、そこまでは決まっていて、あと五人が学識経験者です。

だけど、慣例的に言うと、五人のうち、だいたい二人は検事出身で、残りの三人が全くの学識経験者です。その中の一人が外交官のこともある。私が外交官として六人目の最高裁判事です。間は空いたが、次の人（竹内行夫裁判官）が辞めて、そのあとはまた不在だから計七人ですね。

共通しているのは、全員が条約局長経験者。これは例外がない、ということです。

――選出の方法ですが、弁護士は弁護士会で推薦があるというふうに聞きますけれど。

福田　仄聞するところによれば、何人か推薦して、最高裁のほうで、この方がいいという感じになるようですね。

――最有力候補には二重丸をつけて出すとか？

福田　いや、そこらへんは知りません。最後は、最高裁長官が総理と話し合って決めると聞いています。

――なるほど。ただ、総理は最高裁が言ってくる方はほぼ受けるのではないのですか。

福田　よく分かりません。そういうことを知っているのは最高裁長官経験者だけでしょうね。残る最後の三人ね、六（職業裁判官）＋四（弁護士）＋二（検察官）……、そうするとあと三人残る。この三人については、内閣のほうが主導権を持って決めているのではないですか。でも、よく知りません。

――先生の時は、どういうような決定過程でしたか。

福田　それは、私自身はよく知らないけれども、外務省のほうから、当時の村山富市総理（一九二四年〜。大分市議、大分県議、衆議院議員、日本社会党委員長などを経て内閣総理大臣。社会民主党初代党首）に話をして、村山さんが「それでいいだろう」と言ったんでしょうね。

――外務省の枠というものはないけれども、外務省から推薦があった。

福田　だから中島裁判官のあと、外務省から続けて行ったんです。

――一九九五年の六月に新聞報道されるまでの時期ですが、徐々に外務省内部の方々に広まっていくものなんですか。

福田　いや、広まらない。誰も知らない。ただし一回、最高裁にこっそりと、中島さんのところに会いに行って、「どういうことをやっているか」と聞きました。裁判官というのは独立ですから、引き継ぎも別にやりませんからね。

――中島さんは、後任に福田さんが来るんだろうなというのは……。

福田　もちろん知っている。それは最高裁長官から聞かされている。

――なるほど。先生がお忍びで最高裁に行かれたのは五月ぐらいですか。

福田　忘れてしまいました。それはもう、記録もないぐらい秘密裏にするぐらいでしたから。

――学者から裁判官になられる方などは、発表される少し前に電話がかかってきて、「受けるか」というようなことを言われたケースもあるようですが、そういうのとは違う？

福田　私の場合は違いますね。四月末からの連休、ゴールデンウィークの時には決まっていた。だから、五月から勘定するとしても、五、六、七、八……四か月、「福田は何をするんだろう」とか、陰では噂をする人もいたとは思うんですが、誰も何も言わないし、絶対に漏れなかった。

——一九九五年の六月に、先生の人事を新聞が報道する直前も、首相公邸で村山総理、林外務審議官、谷野内閣外政審議室長らとサミットの勉強会を頻繁に？

福田　もちろん私もいました。その時は、もうとっくに確定していた。もうギリギリまで外交官としての全力投球です。退官する朝までそうです。八月の四日に退官する朝も、確かね、前日に海外出張から帰ってきたんです。

——村山首相は当然ご存知なわけで、そういうようなことは、雑談の時に？

福田　絶対にない。そうなんですよ。総理っていうのはそういうことは言わない。

ただ、こういうことがありました。それはね、私は外務審議官として、村山総理と一緒に、先進国首脳会議（サミット）が開かれるカナダ・ハリファクスへ行っていました。六月一五日か一六日です。そうしたら、総理と新聞記者の間で最高裁判事の任命の話になったんです。

その年の八月に検察出身の人（大堀誠一裁判官）が定年でリタイアするのに伴い、後任に検察官の井嶋一友さん（一九三二年〜。高松高検検事長、次長検事などを経て、一九九五年から二〇〇二年まで最高裁判事）が任命されるという新聞記事が出た。検事出身だったので、それが話題になって、「そういえば、外務省出身の中島敏次郎さんも近く、一月違いで九月に定年になるけども、後任は誰でしょうね」と新聞記者が村山総理に直接聞いたんですよ。私はそばにいたんですけど。そしたら村山さんがニコニコしながら私のほうを見た。それで新聞記者に気づかれたと思います。

退官した八月四日から最高裁判事になる九月四日までは一か月ありました。その時は、人前に出るとろくなことがないし、交通事故も起こしてはいけないとかで運転も気をつけてね。それで軽井沢の小屋に行って、ゴルフをやりながら、本を読む日々でした。

——三月から六月までは、外務審議官をしながら判事就任の準備などを？

福田　しません。もう忙しくって。そりゃあ、外務審議官の政務担当なんてひどいですよ。外回りですから。たとえば、どこかで会議をしてシンガポールへ来て、最終便に乗って成田へ戻り、成田でいったん入国して、入国すると運転手が待ち構えていて、それで彼が用意したスーツケース、その中には、シンガポールは夏服ですから、その中にある冬服とか、代わりの洗面道具が一式入っていて……。

——奥様が準備してくださる？

福田　いや、それはもう行く前に自分で詰めておいて、その日の朝、運転手が自宅から成田まで持ってくるんです。いったん入国して冬服に着替えて、そして違うスーツケースに持ちかえ、もう一回、出国手続をして、すぐ飛行機に乗ってニューヨークかワシントンに行く。つまり、都心までは戻ってくる暇がない。こんなことをやっていましたからね。

——ギリギリまで？

福田　そうです。まあ、ろくでもない商売と言えるかもしれません。

——激職？

福田　そうですね、体力的には激職ですね。

建物や部屋の印象

——ここからは、最高裁判事に就任されてからのことを伺っていきます。まず、着任された時点のことです。たとえば建物の印象とかですね。それまで先生は最高裁には何度も訪れて……。

福田　前に申し上げたと思いますが、実は内定してから一回、裁判官の部屋に行きました。けれど、それ以外は行ったことはなかった。ただ、自宅が最高裁の近くでしたので、前とか裏はしょっちゅう通ります。なんと醜悪な建物だと思いました（笑）。

だって、フォートレスみたいですよ。要塞という感じです。ただ、中に入ってみると、七つの建物が建っていて、それを渡り廊下でつないでいて、外を囲っているからどうしてもああいうことになるんです。

——「奇岩城」というあだ名もあるとか。

福田　それは退官して、どなたか他の裁判官が書いた本を読んで、「へー、奇岩城なんて言われていたんだ」と知りました。けれど、それも最高裁にいる時は知りませんでした。

――言い得て妙という感じですか。

福田　奇岩城というのは、ちょっと自然的な感じですが、実際は自然とは違います。非常に直角に、いろいろな角度になっていて、それは別にシンメトリーでもないしね。正面の一部から見れば一応格好になっているんですが、全体的に見れば、巨大な建物なんです。まあ、中で一〇〇〇人も働いているんだから無理もないです。正直言って、建物そのものには、それほど強い印象はありませんでした。

――なるほど。最高裁判事として中に入られて、機能的な面で評価されるとどうでしょうか。合理的に配置されているとか。

福田　そうですね。自分の部屋があって、部屋は非常に広いんですよね。

――お部屋は何階でしたか。

福田　皇居のお堀に面したところに建物があります。みんなが階段を上がって大法廷に入っていく右側です。それが「裁判官棟」です。そこに裁判官がいる。

その棟の一番下の階には、集会室というか、ホールというか、そういうのがあって、その上の二階部分が第三小法廷の裁判官室、その上の三階が第二小法廷の裁判官室で、一番上の四階に第一小法廷の裁判官室が並んでいます。

部屋の大きさは全く同じ単位です。長官室だけは部屋が二つある。一つはお客様用、あともう一つ。その部分は、上の階と下の階にはありません。会議室というか、裁判官の集まるようなところがあって、その逆の端にそれぞれ審議室というのがあります。審議室は小さい。五人の裁判官が丸く座って、そこで審議が行われます。

――各階に審議室がある？

福田　昔は、今の建物に移ってくる前の最高裁は、そういうのはなくて、持ち回りで裁判官室で審議をしていたと言います。ただ、裁判官室で持ち回りと言っても大きい会議用の机はなかったはずなんですけどね。

大法廷には、もちろん大法廷審議室というのがあります。長官室の一つ上の階がそういう部屋なんです。長官は第二小法廷に属していますから三階に部屋があり、その長官室の真上の四階部分に大法廷の審議室があります。これは大きい、一五人の裁判官が座る大きな机がある。机の真ん中はスポンと空いています。

ただ、首相官邸の閣議室の机よりは小さいですね。閣議室には普通の人は入れませんが、私は秘書官だったので覗いたことがあるんです。あの頃、閣議の時、部屋には二〇人くらいいたんじゃないですか。

――先生のお部屋は三階に？

福田　三階のちょうど真ん中にありました。広さは六四平方メートルです。都心のマンションの一つくらいですね。トイレもついて、その中には洗面所もあります。

――シャワーなどは？

福田　そんなものはないです。本当はあったほうがいいと思うんですが、運動不足になりますからね。

昼休みに早足で皇居の周りを一周したことがあるんですが、やっぱり一時間かかりました。五・四キロですから、歩くとそれくらいかかります。それを歩きましたら、随分汗だくになりました。ただ、部屋にはシャワーがありません。あればいいのにと思いました。

――あとの備え付けは、机とソファーセットですか。

福田　そうです。あとは本棚ばかりです。本棚も、夜閉めるものと、開架式のものがある。本棚と言っても棚だけです。そういうものに審議用の書類がたくさん置いてあるんです。

裁判官室に入ると、正面の大きな窓から皇居のお堀が見えます。正面右手の壁と、入口を入った両側の壁に本棚があります。本棚は、天井まで作ろうと思えば作れる。事務方に言えば作ってくれるんです。場合によっては、梯子をかけて本をとったくらいですね。

部屋の真ん中辺りには、高さ一メートルほどのパーテーションがありまして、正面左手に応接セット、ソファーがあり、正面右手には執務机などがある。トイレは正面右奥にあります。トイレの中から外は見られないんですが、窓際にあるんです。

本棚はオープンなものもあります。人に見られると困る書類などについては、昼間、引き出すと扉が開けておけるものを、私は頼んで作ってもらいました。つまり、ただ閉まっているだけだと、外から見えないから困る。必要とされている時は見える状態に、です。だから昼間はみんな開けちゃうわけですね。

――本は、裁判官が部屋を入れ替える時には全部出すのですか。

福田　そうだと思います。最高裁の部屋に最初に入った時点では、本棚には何もなかった。何冊ぐらい入るのかは全然分かりません。ただ、すごい書類の量ですからね。

――書類が多い？　本というよりは。

福田　そうですね。執務机も大きい机でした。二メートル以上はあります。机には、六法全書などがみんな立ててあります。六法なんかがすぐ引っ張り出せる。あとは、私は横の棚に条約全集を置いていました。

――裁判の記録自体は書記官のほうで管理されていたのですか。

福田　検討しているものは室内に積んであるけれども、検討

最高裁執務室の福田裁判官（2003年頃）

が済んだものとか、これから検討するものは裁判官室ではなくて、秘書官のところか、あるいは書記官室にあるということですね。

——役所なんかでしたら、デスクの上に「未決」「既決」と書いた箱みたいなのが。

福田　それもありました。たしか、二段重ねで未決既決とかなんか書いてありました。だけども、審議したものをそんなところに入れることはありません。量が多すぎる。普通の手紙とか、内部的な書類とかです。

——本棚には本というよりも書類がぎっしり詰まっている？

福田　そうです。

私は、正面の大窓の近くにライカの望遠鏡を一つ——バード・ウォッチングのやつです——、三脚で立てて、皇居の森にピントを合わせておいた。裁判の記録などをよほど読んでくたびれると、この前にちょっと腰掛けて、のぞきこむ。倍率は一〇〇〇まではいきませんが、相当きれいに見えます。

ノスリなんかいましたよ。ノスリというのは鷹の一種です。普通は季節で移っていく鳥です。しかし、留鳥もいる。それが皇居の森の木の周りに留まっていて、いきなり飛ぶんです。別にそれを見ていて分かるというほどではないんですが、飛び方で分かります。飛び方がその鳥によって違うからです。カラスとか鳩なんかも、これらが一番多いんですが、カラスや鳩を見てもしょうがないですね（笑）。

目の端でバッと妙な飛び方をするのがいると飛んでいる方向を見て、その軌道を見るとノスリでしょ。だからそれに焦点を合わせます。まあ、それが唯一の気分転換でした。

——もともとバード・ウォッチングがお好きですか。

福田　いやー。アメリカでね、ある時バード・ウォッチングの好きな人が来るので、仕方がないから、三日間ほど本を読んで覚えました。アメリカの専門家がついてきてくれて、バード・ウォッチングをしました。

日本はそういう野鳥が少ないですね。三五〇種類ぐらいしかいないと聞いています。アメリカは八〇〇種類くらいいるそうです。ただ、現実に見られるのは、たとえば、ポトマック川の上流とかに行っても、一〇〇種類とか二〇〇種類なんでしょうね。ですから、アメリカの本当のバード・ウォッチングの専門家は、「どこかで見た」というニュースがあると、飛行機に乗って見に行くというくらいで、たとえば、テキサスで見えたと言うと、ワシントンからテキサスへ飛んで行って、それを見に行く。

——スケールの大きい話ですね。

福田　日本でも、どこかに珍しい種類の鳥がいたと言うと、どこかに行く方が多いんじゃないですか。ただ全部合わせても三五〇～四〇〇種類はいかないんじゃないでしょうかね。

――裁判官室の正面の大窓は一面ガラスですか。

福田　そうです。

ですから、たまに鳥が衝突するんです。鳥は、ガラスに気づかず、そこに何もないと思って衝突する。鳩なんかがぶつかって死んでいたりする。なぜかというと、鳩はカラスに追いかけられるんです。気の毒なんですけどね。

そう言えば、執務机と望遠鏡の間辺りに小さい机があって、椅子がありました。低い椅子で、昼飯などは、そういう所で一人で食べます。

――秘書官の方の机というのはないんですか。

福田　秘書官は部屋の外にいます。秘書官室は裁判官室の外側にありました。秘書官と秘書がいて、その横に通路がある。その通路を通ると共用の渡り廊下があって、それが他の裁判官室の通路につながっているんですね。

――別の裁判官の部屋に行くには共用の渡り廊下に一回出てから行くという感じ？

福田　そういうことです。通路で渡り廊下に出て再び通路を通って隣の裁判官室に行く。あらかじめ電話しないとダメですけどね。

――裁判官室にテレビとかは？

福田　テレビはありました。応接セットの辺りにです。ただし、私はテレビなんか見ていませんでした。昼のニュースとかも見ません。そんな暇ないですよ。

――全体的に見て、居心地はいい部屋でしょうか。それともいろんな点で改善すべき点がある？

福田　裁判官を閉じ込めておく所としてはいいんじゃないですか。外は皇居の庭が見える大変きれいな所です。ですから、役所としては、建物として裁判官棟は随分と金をかけて作ったんじゃないでしょうかね。

――秘書官の方は裁判官の方がお帰りになるまでいらっしゃる？

福田　そうです。ですから、裁判官は早く帰らないといけない。巨大な建物ですから、冷暖房も大変ですしね。とにかく、書類を読みたければ公邸に早く持って帰れと、そういう感じです。だから、午後五時半くらいになると裁判官はいなくなります。

判事公邸について

――当時は今と同じお住まいですか。

福田　文京区の裁判官公邸にいました。ただ、公邸は、千代田区の自宅よりも遠くなるんです。自分の家より遠くなるところに公邸がある人はあまりいなかったんじゃないですか（笑）。

しかしながら、「公邸に住まなきゃいけない」と言われました。最近は公邸に住まなくてもよくなり、自分のお宅に住んでいる裁判官が多くなったみたいですね。かつては、公邸というのは、防犯というか、セキュリティの観点から入らなければいけない、とされていたと思います。私の公邸は文京区の大変いいところにあって、敷地も三〇〇平方メートルくらいありました。

——一戸建て、平屋で？

福田　そうです。ただ、仕切りがすべて鉄筋コンクリートでできているんです。だから、たとえば弾を撃ち込まれても隣の部屋に届かない。セキュリティが万全です。

その反面、たとえば壁に絵を掛けるのが大変でね。専門家を呼んで、ドリルで穴をあけてもらわなければならない。壁が非常に堅固にできているんですよ。

——公邸には朝、何時ごろ迎えの車が？

福田　それは、こちらの指定によります。たとえば「午前九時に」とか指定すると、最高裁には九時半頃入ります。混み具合によりますが、やっぱり三〇分くらいかかります。千代田区の自宅からだったら、歩いても十数分ですよ（笑）。

今の住まいは最高裁には歩いていけますね。

——しかし、最高裁の裁判官は公邸に入らなければいけない、と。

福田　当時は、義務的官舎だということでした。私は、ちょうど入居前の台風で塀が倒れたりして直すのに数か月かかったので、その間、自宅から通勤しました。

その後も、家のものを全部引っ越すのは大変ですから、しばらくの間は私が主に週末に公邸を使うという感じでした。とにかく公邸は、書斎がちゃんとしていました。上から下まで本が入ることになっていて、本だらけになってしまいました。

――公邸は何部屋ぐらいあるんですか。

福田　小さな部屋も入れて六つです。

和室と洋室がありますが、和室と洋室は頼めば変えてくれます。洋室から和室にね。人によっては和室のほうが好きですから。私の時は、寝室は和室でした。布団を敷いて寝ていました。あとの部屋は洋室にしてもらいました。もう一つ和室があったんですが、「洋室のほうがいい」と変えてもらいました。応接セットを二セット入れたんです。一つは和室に。これは人が来たとき用、来客用です。和室のいいところは、たくさん人が入るところです。他方、膝が段々痛くなるわけですし、年とった人が多くなるわけですから、そうすると洋室のほうがいい。

二階建ての公邸もありますが、私のところは平屋でした。面白いのは、公邸が全く平等にできているところです。裁判官同士で不満が出ないように、部屋の大きさと数とか、これはもう絶対に一致している。徹底した平等主義ですね。

――敷地面積もですか。

福田　いや、敷地ではなく、建物がです。敷地は買った時の事情で、大小がある。

私の公邸の場合、駐車場があって、無理をすれば全部で五台くらい入る。いつも入れるのは一台だったのですが、頼んで、もう一つその横に天井をつけてもらって、二台入るようにしました。というのは、のちに千代田区の自宅を全部引き払って、文京区に移ったわけです。そうすると、家内と私で二台分いります。私も、週末は自分で運転していましたから。

当時は、自分で運転する裁判官が本当にいなかった。だけど私は、車の運転にかかわる裁判をするのに、運転をしなくてどうして裁判ができるのか、と思っていました。「いや、免許を持っています」と言うかもしれません。しかし、免許を持っているだけで裁判できるか、と思います。「運転をしてみろ」というわけです。そうしないと、世間の常識から外れた判決が出てくる可能性もあるのではないか、と思うんです。

——公邸の駐車場の脇には、警察の警備の人はいるんですか。

福田　それは長官の公邸だけで、あとの裁判官の公邸には毎日見まわりがきました。それから、担当した事件の種類によっては判決の前に警備の人がいる時はありましたね。暴力団をめぐる事件とか、公安系ももちろんあるでしょうね。

——公邸は一部屋どれくらいの大きさですか。

福田　八畳とか六畳とかです。自宅の応接間のほうが、よっぽど広いですね。いわゆるリビング・ダイニングルームみたいに広いところはありません。他の裁判官の公邸もみんな同じです。

——たくさんのゲストが来ることを想定していない。

福田　千代田区の私の自宅はたくさんのゲストが来る、来られるようにしていました。外交官時代、よく家に人を呼んだりしていましたから。そうすると、ゲストが一〇人くらい入れる応接間と食堂がくっ付いてあったわけなんですが、そういうことは裁判官の公邸には想定されていない。奥さんとお手伝いさんくらいです。私の頃には、お手伝いさんが住み込んでいる人はいませんでした。通いできれいにしていってくれる人はいて、大変助かりました。

自宅から引っ越しましたが、積年の垢が溜まっているわけです。つまり外交官というのは、今でも老後の楽しみにとってあるんですが、段ボールに入れた写真がある。これは何十箱にもなっています。

――写真だけで？

福田　そうです。何十年も経つわけですから。くっ付いて剝がれなくなっているやつもありますね。そういうものが入る場所がありませんから、公邸ではプレハブの物置を二つ足して作ってもらいました。

――では、物置は計三つということですか。

福田　前からある物置には、作業員の方が公邸をきれいにするための掃除道具とかそういうのが入っている。そのほかに、自分で使える物置を、普通の一間のやつと、二間のやつを家の端に作ってもらいました。というのは、サイズが違いますしね、でき方も違うので応接セットが建物の中に入らないんです。大きなビニールのカバーを自分で買ってきて覆って、中に除湿剤を入れまして、あとは真空掃除機で空気を抜いて。何もかも自分でやりました。

――千代田区の自宅に置いておくことはできないんですか。

福田　自宅は、二〇年も経っているので、「この機会に全部直すか」というので、天井から床から全部修繕しました。完璧に空にして、正面玄関を入ったところから全部変えちゃったんですね。

――では、公邸にお住まいになったのは奥様と二人だけ？

福田　そうです。下の子が独身の間しばらく一緒に住んでいましたけど、銀行に入って留学しちゃったから、その間はまた二人になりました。

――ほぼ一〇年そこに住まれた。

福田　そうです。退官後に公邸を出る時、木でできた「福田」の表札を記念に削っていただいたんですが、もう腐ったようになっていました。今でもどこかにありますよ。

――一〇年間の歴史が詰まった……。

福田　公邸に住んだという唯一の記録ですね。

裁判官生活

――最高裁の着任の挨拶というのは？

福田　裁判官のところにお一人ずつ行きます。回っても、すぐです。

——当時、顔見知りの裁判官の方は？

福田　いません。いやもう、すべてが別の世界ですね。違う世界に来たという。

でも、評議をしたりします。また、週に一回、水曜日に裁判官だけで昼食を食べる会があったんですが、明らかに私の話を聞くことが多かったですね。私は、やっぱり外交官っていうので、いろんな国のことを知っていますから。でも、お話をしていると、「こういう人がいるってのは裁判官ってやっぱりすごい」と思った人が何人かいました。見識の深さに感心することもありました。

——その食事会は小法廷で？

福田　いやいや、裁判官全員です。食べる料理は自分で勝手に取ります。

——部屋は四階の長官室の上ですか。

福田　長官室の上は評議室です。長官室の一つ下の階にそういうところがあるんです。

——ということは二階にあるということですか？

福田　そうです。それはいろいろと他の会議にも使うんですが、共用室と言いますかね、つまり、何にでも使う部屋です。

——ほぼ一四、五人の裁判官の方が来られるんですか。それとも有志だけ？

福田　いや、全員来ます。他にやることないですから。長官も来られます。

——箱弁みたいなものをつつく……。

福田　箱弁というより、私はいつもそば屋のそばでした。最高裁の中の食堂からではなく、外から取ります。

——他の裁判官はどのようなものを？

福田　そうですね。何人かで組んで弁当を取るとかです。一人じゃ届けてくれない。五人分以上じゃないと。「弁当いる人、この指とまれ」みたいなかたちですね（笑）。

——洋食とかを取られる方も？

福田　いたかもしれません。カレーライスを取ったりね。私は、近所のそば屋に決めていた。しかも、ざるそばと。冬でもざるそば、年中ざるそばでしたね。面倒くさいですから。

——そばが好きということではなく？

福田　まあ、嫌いではないですが、他のものを注文するのは面倒くさいのでね。その「この指とまれ」っていうのにも一回参加しました。でも、ほとんどしません。私はそばに決まっていました。

第二小法廷について

――第二小法廷というのは着任される時にもう決まっているわけですか。

福田　慣例的に、最高裁に入ったら最後、退官するまで同じ小法廷です。外務省出身の中島敏次郎裁判官が第二小法廷（以下、「二小」と表記することもある）にいました。それで、二小に欠員が出たからそこに入った。

同時に欠員が出ることがあります。たとえば、退官日が近接していたりする時ですが、そうすると、構成によって所属する小法廷が入れ替わったりすることがあるようですけども、大体そういうことはなかったですね。

――小法廷によって先例とか慣習がよく違うというふうに聞きますが、二小の特徴は？

福田　「合理的」なんじゃないですか。要するに、審議もいきなりすべての資料を事前に全部読んでいるという前提で議論を始めたり、そういう感じですね。他の小法廷は、なんか違うところもあると聞いたことがあります。

――それは何か最初の例があったからということは聞かれたことはありますか。

福田　それは分かりませんが、長年の間に段々とそうなっちゃっているんじゃないですかね。

――なるほど。合理的以外で何か特徴みたいなのはどうですか。

福田　私はド素人だから、二小では、私を説得すれば勝ちというのが当時、多かったんじゃないですか（笑）。そうしないと多数を構成できません。つまり、多数決の世界ですからね。

——長官は……。

福田　長官は普通、審議に参加しませんから、長官を除く裁判官四人でやっていました。そうすると、多数にするためには三人とらなければならない。二対二になると大騒ぎになる。二対二になったケースも二つか三つありますけど、こうなると、もうどうしようもない。どうするかっていうと、しばらくしてまた審議をしたり、最悪の場合、誰かが退官して新しい人が来るのを待ったりすることもありえます。

——判決を出さない。

福田　判決に至らないという……。新しい裁判官が来たら、最初の二か月くらいは審議せず、その新入りの裁判官に勉強してもらうわけです。そこで、これについて、あなたどう思うかと尋ねる。退官した裁判官と違う意見になれば一件落着です。前の人がこうだったというのは絶対に教えません。それは裁判官独立の原則ですから、これは徹底していて、前の人がこうだったから何とかとかはありえません。その伝統は非常にちゃんとしています。

——やっぱり五人が必要で、裁判官四人は問題ですか。

福田　問題ですよ。

——四人のほうが微妙になるということですか。

福田　なることがありますね。五人構成に比べたら、やりにくい面はあります。その代わり、四人だから合理的に事前にみんな読んでいるというので、いきなり議論を始めるということもやりやすかった。一回目は、主任の人が「これは、こういう事件で、こういうことです」というようなことを説明して終わりというような小法廷もありますけど、そういうことは一切なかったですね。

――ちょっと戻りますけども、先生の一日がどんなふうなスケジュールで動いていくかっていう話を伺いたいんですけども……。

福田　最高裁に午前九時半に着いて、午後五時半に出ていくまで、部屋にいる。だけど、そんなことしていたら体がおかしくなりますから、一二時から一時までの昼休みに、スポーツクラブに行って泳ぐんです。運転手に来てもらって、一二時になった途端、自動車で最高裁を飛び出して、スポーツクラブに行って、一五分間クロールで泳ぐ。そして、帰ってくる。片道一五分で、一五分泳いで、一五分の間に着替えたり、シャワーを浴びてぱっと着替えて出てくるとちょうど一時間ですね。

昼飯を食べる暇がないので、牛乳五〇〇ミリ・リットルをゴクゴクと飲む。まあ、それだけじゃあ栄養失調になると秘書が心配して、プリンやゼリーか何かを買ってくれることがあるんです（笑）。それを食べて午後、仕事をする。昼間に一五分間泳いでいるので、午後満腹になると眠くなっちゃうんですね。ひもじいぐらいのほうが眠くならないんです。

——適度な空腹感がいい。

福田　そうです。満腹にしないことが大切です。だけど、健康を辛うじて保ったのは、一〇年間そのクロールを続けたからです。

——毎日行かれた？

福田　月火木は、ほぼ行きました。水曜日は会食が、金曜日は審議がありますから、これは行けません。現実問題としてね。

——金曜日は二小の審議ですか。

福田　そうです。二小の審議は、多くなると月曜もあるんです。そうすると月曜も行けません。審議の時は、午前中から大体一二時過ぎまで審議があって、一時にはまた始まりますから、泳ぎに行くどころではありません。ですから、泳ぐといっても週三回くらいです。

でも、それは最高裁の診療所の先生に言われたんです。「あなた、このままだったら、退官する時は車いす確実です」と。私は、前にも申し上げた通り、体が弱かったですから、本当に気をつけていました。それで水泳を始めたのです。

——牛乳を入れる冷蔵庫は裁判官室にあるんですか。

福田　ありません。秘書のところにあります。

――裁判官などは裁量で、一時間の休憩じゃなくてもいいと思うんですが。やはり仕事が溜まるからということなんでしょうか。

福田　だって閉じ込められて行くところもないですからね。やることと言っても書類を読むことしかない。テレビを見ると言っても、ＶＴＲで映画を見ているというわけにもいきません。見たければ、それは帰って家で見る。

――ということは、また一時から開始されて、五時半までまた四時間半ずっと書類を読まれて……。

福田　そうです。というか、考える。書類を読んでいるというよりは考えるほうが多いです。「これはどういうことか」と。大体の事件は、そんなもんじゃない。「これは、こういう先例があってこうなって」ということは「じゃあ、それでいいよ」という。中には時々新しいものが来る。それはやっぱり神経を使うというか、どういう意見に自分はするんだろうと考える。

そうすると、それに応じて、いろんな本を取り寄せて、自分自身が図書館に行くことはなかなかなかったんですが、秘書官にちょっと調べてきてくれと頼んだり、あるいは、本を買ったりした。こういう種類の本があるからと言って、買ってきてもらって、それを読む。

たとえば、医療過誤などというのは、専門的な分野ですから、私は何も知らないわけです。しかし、医療過誤でどういう判決を出すかというのは、なかなか大変なんですね。そういうのでは、市販されている本とか、図書館にある、最高裁の図書館になければ、国会図書館まで行って問い合わせる。そして、読む。こういうようなことがあります。それらを読むのは結構、時間を食うんです。結論を導くのにどこが参考になるのか、探しながら読みます。

——午後五時半になると車で帰られますが、公邸に書類を持って帰られる？

福田　まあ大体。夕食を済ましてからも書類を読むわけです。普通の裁判官は、そうやって夜一〇時頃まで仕事していたみたいですが、私はテレビを見ちゃったり、寝ちゃったり、でした。

——お酒のほうはどうですか。

福田　もう、裁判官になってから酒量が進みました。

外交官と裁判官と何が違うかというと、酒の飲み方が違うんです。外交官は相手の口を割らせて情報をとって報告することが大事な酒の飲み方で、自分は酔っちゃいけない。なかなか大変です。いい酒を出すというのも非常に重要です。向こうはいい酒だと喜んで飲みますからね。葡萄酒なんかでも、高い酒を出すのがコツなんです。これは合法的な〝口割らせ〟です。

裁判官は焼酎だって、泡盛だって、なんでもいいんです。酔えばいい（笑）。

酔えば忘れてしまいますからね。

——大体、一〇時くらいにはお休みになる？

福田　そうですね。私は元々、早寝遅起きです。睡眠時間が長くないとダメなんです。早い時は九時半くらいには寝ちゃいましたね。

——朝はどんな感じですか。

福田　朝は七時半くらいまで休んでいる。ただ、寝ているうちに考え事をしている時があります。起きるとほとんど忘れていますがね。「いいアイディアだな」なんて思って寝る。メモを枕元に置いて、電灯つけないで暗闇の中でそのまま数文字書いて、安心して寝ちゃう。朝見ると、何書いているのかわかんない（笑）、というのがよくありました。しかし、たまに、役に立つんです。

——外交官として世界中を飛び回られていた時と、行動範囲にすごい落差がありますね。文京区と最高裁の間だけという。

福田　そうですね。ただ、外交官時代に飛び回っていたと言っても、飛行機に乗っているだけですからね。そういう意味では同じですよ。

——新聞は朝にチェックされる？

福田　新聞について、最高裁は自分の決めたものを三紙まで取ってよいということでしたが、私は、四紙とっていました。一つはヘラルド・トリビューン。それから、朝日、読売、産経です。毎日は家でとっていました。東京新聞はあまりとらなかった。日経も見ました。日経と毎日を家でとっていたんです。

——自宅で二紙とられていたんですか。日経と毎日をずっととられていた？

福田　そうですね。

——それは仲のいい方がいらっしゃったからとか、

福田　いや、そうじゃないです。日経は私の二男が経済学部に行っていたので、ついでに読んでいた。

毎日新聞は実に単純な理由でした。あれは、二度目のワシントンから帰って来た時に、長男が中学二年生で、日本というものをちゃんと覚えさせないといけないと思って、「春休みだから、新聞配達をやれ」と言った。アメリカでは子どもがよくアルバイトで新聞配達しているんです。どこか販売店に行って「雇ってくれないか」と頼むことも自分でやらせた。そしたら、一番最初に当たったのが毎日新聞の販売店でした。

自宅に電話がかかってきまして、「お宅の息子がうちに来た。うちは人が不足しているから是非雇いたいが、本当にいいのか」と。「いいです。お願いします」と答えた。しかし、三週間くらいで辞めました。なぜかと言うとね、朝刊と夕刊があるからです。

——朝刊も配っていたんですか。

福田　そうです。そうすると、朝四時くらいには起きて行かないといけないのに、本人はガーガー寝ている。だけど、目覚ましを掛けさせておいて自分で起こさせる。ただ、本当に起きるかどうか心配だから、親が起きてこっそり見ているわけです（笑）。

だから、こちらが寝不足になる。息子も必死になって起きて自転車で行く。夕方もそれをやる。三週間もしたら、親のほうが参っちゃって（笑）。

そのうちに分かったことは、中学生にアルバイトをさせてはいけないというのは学校の規則だと（笑）。

だから、慌てて辞めさせました。

ただ、新聞販売店が息子を大変気に入ってくれて「ずっと雇いたい」と言ってこられたが、そういうことだからと言って辞めた。そうしたら「退職金を、短いけどあげたい」と。そのあげる方法は、「二年間、毎日新聞をとってくれれば、報奨金を一月あげますというような形で退職金を出せます」と言う。それでは、「子どものために二年間とることを約束します」と。それで、子どもには退職金が入った。親は、そうして毎日新聞をとる羽目になったんです（笑）。

――そっちのほうが高いんじゃないですか。

福田　でもまぁ、本人はそれで働いたという気ができたから、それはそれでいいと。

――少し戻りますが、先生は外交官時代から新聞は一日何時間も読むという感じですか。

福田　いや、そうじゃない、わっと読んじゃう。例の早読みでね。

――新聞は真ん中を見るんですか。段が短いですけれども。

福田　よっぽど気に入ると全部読みますが、そうでないと、それこそ日経でもせいぜい一〇分でしょうね。

――見出しを中心に見られるという感じ?

福田　見出しはほとんど見ないですね。見出しじゃなくて、中身をわっと見ていく。

――やっぱり、国際政治の辺りが中心ですか。

福田　いや、どのページも見ますよ。

――なるほど。その習慣というのは、最高裁の判事になられてからも変わらず?

福田　変わりません。やっぱり速読でずいぶん得しているんでしょうね。

――得ですね。読み方にもよりますが、通常は一紙だけで読むのに二時間半から三時間くらいかかるとも言われています。

福田　まあ、そういう方もおられるでしょう。私は早読みしちゃうからある意味では飛ばして読んでいるわけなんで、二度目に読んでも新鮮な時があります。違う視点から見て。

外国との交流

――最高裁判事として外国との交流についてはいかがでしたか。

福田　この間、勘定してみたら、在職中の約一〇年間に、計二八国の憲法裁判所または最高裁判所の裁判官とお話ししています。その関連で面白い話があってね。余計な話をしますと、中曽根総理の秘書官の時、一九八七年の四月末だったと思うけども、ワシントンに中曽根さんが公式訪問したんです。その年の一一月には就任五年だから交代することになっている。レーガン（米大統領）夫妻と友好的な会談を行って、晩餐会をやった。

ヘッドテーブルにレーガン夫妻と中曽根夫妻が座って、その前に丸テーブルが一〇個ぐらいあった。一つのテーブルが八人ずつぐらい、全部で八〇人ぐらいです。日本人は非常に少ない。ホワイトハウスのディナーに呼ばれるのはアメリカ人にとって特権です。

私の右隣に、女性が座っていました。非常に知的な感じだけど温かみがある。私よりちょっと年上ぐらいかな、と思った。私は、そういうアメリカ人の女性が大好きなんです（笑）。だから、すぐに自分の名前を言って、仕事の内容も説明した。それから、「あなたの名前は？」と尋ねたら、「サンドラ・オコナー」と言ったんです。

それで私は、「何しているのか」と聞いた。そしたら、「最高裁判所で働いています」と。「最高裁で何しているの」と尋ねた。三つ目の質問です。というのも、ロースクールの友だちがクラークなどで入ったりなんかしていたので、そんな程度かなと思ったんです。そしたら、「ジャスティスをしています」ってね。

ええー、もしかしたら、あのレーガン大統領が初めてアポイントした女性判事ってこの人か、と。話しているとそうだった。もう二時間、本当に楽しかった。知性があふれていて、ストレー

1996年初春。来日したサンドラ・オコナー米国最高裁判事。判事のすぐ右は栗山前駐米大使夫妻、最高裁事務総局渉外担当官。左端は在京米国大使館通訳

トだし。本当に、これまでいろんな人と話しましたが、あんなに楽しかったことはめったにない。

でも、それから八年半たって、なんと私自身が最高裁判事になってしまった。それを、すぐ彼女は聞きつけて、東京に訪ねてきてくれた。「京都に講演に行った帰りに東京へ寄ります」と。ある時、突然、東京のアメリカ大使館から連絡があって、サンドラ・オコナーが「あなたを表敬訪問したい」って言っている、と。「受けるか」って聞くから、「もちろん受ける」と返事しました。

私が最高裁に入って、数か月たった頃です。これは大変だ、私だけに表敬に来られては困る。先方はその道の大先輩ですから。その時、三好達長官（一九二七年〜。最高裁首席調査官、東京高裁長官、最高裁判事を経て、一九九五年から九七年まで最高裁長官）に、「ちょっと長官、表敬を受けてください」と申し上げた。

長官を表敬してもらって、そのあと、私のところへ来られた。私が最高裁の大法廷とか図書館とかを案内して、アーク森ビル三七階のアークヒルズクラブで、栗山夫妻と一緒に四人で昼食をとった。なんと驚いたことに、八年半前に私が言ったことを完璧に記憶していた。「どうして、そんなにきちんと正確に記憶しているんですか」と尋ねたら、彼女は、いともあっさりと、「めったにホワイトハウスのディナーに呼ばれないからね」と言った。私は、これにも感心しました。とにかく率直で、かつ頭がよくて、バランスがあって、温かみがあって、あんな素晴らしい女性は滅多にいません。でも、たぶん日本人できちんとそういうことで話をしたのは、彼女がアメリカ連邦最高裁判事になってから私が最初だったのではないかと思いますね。

第四章　定数訴訟に挑む

アメリカの憲法判例を読む

――一九九五年に、最高裁判事着任の準備として、アメリカの判例集を五日間で一七〇〇ページ読破されたとか。

福田　コンスティテューショナル・ロー（憲法）のケースブックを読みました。

――判例集ではなく、ケースブックですか。

福田　ケースブックです。

私は、最高裁に行って、少なくとも自分が貢献できるとすれば憲法の分野だろうと思った。それで憲法について、アメリカのハーバード・ロースクールにたまたま知り合いがいたので、「憲法の教材に何を使ったか」「副読本ではどんなものを読んでいるか」と尋ねた。すると、十何冊のタイトルが書かれた一覧表が届きました。それを丸善（書店）に行って、みんな買ったんです。

――一覧表を受け取ったのは電子メールですか。

福田　メールはまだなかった。ファックスです。

私は、一九六〇年代初めに、イェール・ロースクールでアメリカの憲法判例を読みました。そこで、その後の判例はどんなものがあるか、とケースブックを読んだ。すると、なんと黒人の権利、公民権の話とか、妊娠中絶の話とかいろいろある。「投票価値の平等」というのも、すごい勢いで問題になっていましたが、アメリカではバタバタと判例を作って片付けてしまったというのを見た。私がロースクールを修了してから最高裁判事就任までの三三年の間に憲法判例がずいぶんと変わった。つまり、三三年も経つと、憲法判例が何と変わるものだという観点で読んだんです。

また、一覧表にあった副読本もだいたい読んでしまいました。

――副読本というのはどういうようなものですか。

福田　たとえば、アレクサンダー・ビッケルの『ザ・リースト・デンジャラス・ブランチ（三権の中で最も危険性の少ない権力）』、ジョン・ハート・イリィの『デモクラシー・アンド・ディストラスト（民主主義と不信）』などです(1)。

イリィは私と同じ時、イェール・ロースクールに在学していました。前に話しましたが、その時、教わった憲法の先生がビッケルです。ビッケルは四九歳で早逝し、イリィも六五歳で亡くなった。

――ファックスで来た一覧表の中に入っていた?

福田　はい。著者の中には私のロースクール時代の同級生や教わった先生がいたんです。

投票価値の不平等

――いよいよ、「投票価値の不平等」の話に入っていきたいと思います。

福田　私は、最高裁に入る時に、そんなものを問題意識にすることは全く考えていなかった。最高裁に入るまで、「一票の格差」なんていうのは、全然そういう問題があると知らなかったですからね。

しかし、最高裁に入るまでの間に、アメリカの文献を読み、アメリカの憲法判例が三三年でこんなに変わるんだと驚いた。それで、他の国の、フランスの憲法院の判例などもいろいろ見ると、やっぱりこれはおかしい。民主主義の原点、民主主義というのは多数決ですから。多数決は、投票価値の平等が前提です。そうでないと何が多数か分からない。

民主主義というのは、その時は間違えるかもしれないけれども、長い目で見ると正しい方向に行

(1) アレクサンダー・ビッケルおよびジョン・ハート・イリィについては、駒村圭吾ほか編『アメリカ憲法の群像――理論家編』(尚学社、二〇一〇年)参照。

く可能性が高いという経験から出てきた制度です。別に理論で出てきたわけではありません。多数決が民主主義の基本である、だけど、少数意見の人たちの人権も大事にする。その双方を保障するのが最高裁の役目なんだ、と。それで、多数決を確保していないシステムを司法が擁護しているのは何事だということで、私は反対意見を書く、ということになったんです。

――教材一覧表のファックスが届いたのは一九九五年の何月ぐらいのことですか。

福田　私の判事就任が六月一六日にばれてしまいました。そのあと、すぐに本の一覧を頼んだので、七月初めぐらいには届いたと思います。

先ほどお話したように、イェール・ロースクール時代に学んだ一九六〇年頃までのアメリカの判例は知っているわけですから、ケースブックでは、その後の憲法判例というのはどんなものがあるのか、というのを主に見た。

そうすると、私がいたころにはなかった――レイノルズ対シムズ（一九六四年）とかが中心だったけど――いわゆるワンパーソン・ワンボート的な判決がたくさんと出て、いわゆる「投票価値の平等」というのが実現していくわけです。「投票価値の平等」が司法のおかげで実現していくというのが、判例の一部としてありました。もちろん、ほかにも、避妊の自由、人工中絶とか、いろいろな判例があります。いわゆる表現の自由とかミランダ判決とかいろいろあるけれど、最高裁に入る前の一か月間に「投票価値の平等」に関する判例などに目を通していたわけです。

そうしたら、最高裁に着任してしばらくした頃に、大法廷に一つ、定数訴訟がかかったんです。大法廷の審議ではシニアの人から意見を言うんですが、――ただ、長官は最後に言います――、その時、私は他の裁判官が意見を言うのを聞いていて……。

――年齢ではなく、着任順ですね。

福田　もちろん着任順です。着任順で席が決まる。着任順で私が意見を述べる順番が来た。

――長官の一人手前ですか。

福田　いえ、その頃には私の後に着任した人が二人ぐらいいましたからね。

――なるほど。

福田　前にも申し上げたように、民主主義というのは、多数決で決める。多数決だけれども、同時に少数意見の人々の人権が守られることを確保する。その二つがイリィの本にも書いてある。『デモクラシー・アンド・ディストラスト（民主主義と不信）』です。核心となる部分はまさにそれです。まさにそうだと思っていたから、他の多くの裁判官の意見を聞いて、何かおかしいと思いましたね。

最近の例ですが、二〇一五年五月の大阪の都構想をめぐる住民投票だって、ほんの〇・何パーセントの差で反対派が勝ちました。あれが一人一票じゃなかったらどういうことになったか。投票価値が平等だから、ああいう結果なんです。もちろん、それに同意しない人は多いでしょう。

橋下氏（大阪市長）自身もそうだった。だけど、それが民主主義だ。彼がその後の記者会見で言ったことに私は感心した。「民主主義は偉大だ。負けたけど、これで命をとられるわけじゃない」と彼は言っています。一種、民主主義制度の本質をついている。ああいうのを聞いていると、私は「大阪の人はなかなか民度が高いな」と思いました。

くり返しになりますが、民主主義体制の一番のもとは多数決なんです。多数決。そういう意味では大阪の例は、民主主義がきちんと機能した一つの例だと思うんです。もし、結果が間違っていたら、将来同じような話が違った形で出てきて、また投票にかけられて、また変わっていくんだと思う。だから「投票価値の平等」というのは、民主主義体制にあっては、すべての始まりだと思うんです。

◆平成八年判決

――先ほど言及された大法廷の審議は、一九九二年の参議院選挙に関する一九九六年（平成八年）の判決についてのものですか。

福田　そうです。その時に聞いていておかしい、と。

――その審議は、最高裁に入られた年（一九九五年）でしたか。それともその翌年？

福田　最高裁に入った年じゃなかったですね。翌年、一九九六年だと思います。いわゆる「定数訴訟」で私が関係した判決の一番最初の審議の時です。他の裁判官の意見を聞いていて、こういうことで「投票価値の平等」が存在しないことを許しているようでは民主主義の基本がないじゃないか、と思いました。

――では、これは第二小法廷の事件ではなかったということですね。

福田　他の小法廷から、上がってきたのではないでしょうか。大法廷の審議になったところで、「定数訴訟」に関するいろいろな資料を見て、今までの多数意見を見て、「なんじゃ、こりゃ」と思ったのです。

――先生が入られる前に、大法廷の評議がなされていたということではなく？

福田　ない、ない。その時に評議がなされていると、私は不参加で裁判されちゃうんです。途中から評議に参加ということはありません。

――先生が書かれたものによれば、大野正男裁判官（一九二七～二〇〇六年。弁護士出身）の部屋で打ち合わせがあった、と。

福田　そうです。それで確か、反対意見の人が五人いることが大法廷評議の中で分かったので、「五人で共同反対意見を書けないか」ということになりました。先任が大野裁判官だったから、「じゃあ、大野裁判官室に集まろうよ」というので集まったのが四人の弁護士出身の人と私だったんです。

——お名前は確認できますか。

福田　大野さん、尾崎行信さん（一九二九～二〇一四年）、遠藤光男さん（一九三〇年～）、河合伸一さん（一九三二年～）。弁護士出身の、この四人です。それに私です。

——高橋久子さん（一九二七～二〇一三年。内閣審議官、労働省婦人少年局長など歴任。行政官出身）はそこには来なかったのですか。

福田　高橋さんは、私たちの共同反対意見を読んだ後、私も入りたいと言って入ってきたんです。最初の五人の中にはいなかった。

——最初、大野裁判官室に福田先生が入られようとしたら……。

福田　私が大野さんの部屋に入って座ろうとしたら、「あなた、違うところに来たのじゃないの」と遠藤さんが言ったんです。「あなた、間違ってきたんじゃない？」と言われた。

——その時、福田先生は何とおっしゃったんですか。

福田　「いや、是非ここに入れてください」と言いました。

——それに対して、遠藤裁判官は何と？

福田　もちろん、それは半分冗談ですよ。だって、そんなところに間違って入ってくるはずないですから。

——分かります。

福田　やっているうちに、一番激しい意見は実は私じゃないか、と思うようになりました。段々と反対意見が長くなって、かつ先鋭化してくるでしょう。一回目の反対意見は遠慮しているんですよ。ものすごく遠慮したんです。

――最初の反対意見だったから。

福田　そうです。新入りは、やっぱり長老の意見をよく聞いておかなければいかん。そう常に思っていましたからね。

在野法曹と行政官

――この平成八年判決で、福田先生は、大野裁判官を中心とする反対意見に加わられています。高橋裁判官を除くと、大ベテランの法曹ばかりという中に、違うキャリアで入ってこられて法律家たちの議論というのをご覧になって、違和感はありませんでしたか。在野の法曹とは別に、先生のように外交官出身者とか行政官出身のほうが、柔軟に発想できるという面があるのか……。

福田　弁護士の方は在野だから、在野で常に批判するという精神には長けている。けれども、民主主義の基本とかそういう話になってくるとどうか。世界的な歴史観というか、発展の歴史とかそういうものの経験がないと、本人がそういう意識がなくても、ある程度、権力に妥協する部分が残ってしまう。そう私は思います。

――逆の意味で先例拘束性のバイアスは強く働いている。

福田　そうです。私などはそういうバイアスが全くないですからね。

アメリカの先例拘束と、日本の最高裁の先例拘束とはずいぶん違いますよ。アメリカのは一回決めた原則を変えられないわけですけど、その実態を変えていくためには他の論理を持ち出して変えるわけです。レイノルズ対シムズなんていうのは、それで変えていっている。

日本は大法廷判決を変えればいい。それが日本の先例拘束です。他方、大法廷判決を変えればいいとはいっても、先例を重視するというのは常にのしかかる重圧です。裁判官の良心としてのしかかる。

この問題で最高裁判所の悪かったところは、「較差」つまり「投票価値の不平等」を理論的に正当化してしまったことですね。「投票価値の平等」の問題も、国会の広い裁量の中にある問題としてしまった。

別の言い方をすれば、「選挙制度」は国会が憲法に従って決めていくものですが、最高裁は要するに、「制度」の中には投票価値も入るということにしてしまった、と言えば分かりやすいかもしれませんね。

しかし、国会というのは選ばれてなる人の集団であって、選ぶ権利の平等性を決めるというところではありません。平等な権利で多数の有権者が選ぶのが国会議員です。問題は、国会議員がみんな与党も野党も共通して——党もそうですし、個人個人もそうですが——、とにかく「落選したら困る」という共通の利害を持っているということです。次も当選しないと。それを確実にする。極端な言い方をすれば、それだけのために生きている集団と言えます。

ですから、国会に広い裁量があるといって、有権者の投票価値を決めてよいというのは、実は、司法の責任放棄と全く同じなんです。本当は、反対意見でそれを書きたかったんだけど、一回目ではそこまではえげつなくて書けませんでした。

——最初の頃から多少書かれていますが。

福田　そうです。だけど、特に大野さんは、よくできる裁判官でしたからね、素晴らしい人でした。そういう人に眼光鋭く見られると、言いたいことがあってもだいぶ遠慮します（笑）。

——先生でもそうですか。

福田　そりゃそうですよ。だって歳が圧倒的に違います。私は六〇ちょうどに入って、大野さんはそろそろ七〇に手が届くという頃ですからね。きっと秀才で通った人でしょう。よく法律を勉強されて。

大法廷の審議

——大体、慣例的に、大法廷判決のどれくらい前の審議で、法廷意見に対して賛成とか反対とか決めるものなのでしょうか。

福田　大法廷の審議で、裁判官が一人ずつ自分の意見を言って、初めて何が多数意見になるかが分かるんです。

たとえば、ある審議で、「カウントして八人が賛成しました。多数意見が形成されることが確定しました」と横で聞いている首席調査官が言う。裁判官全員の発言が終わった後です。そうすると、多数意見に基づいて判決文が起案されます。もし、それに反対意見を付ける裁判官がいるようでしたら、いつ頃までに書いてください、と。たとえば「一か月先までに」とかいうことも言われます。

この例でいけば、反対意見の裁判官が集まって、「どういう反対意見が共同で書けますか」といった協議をすることになる。そのうちに、「共同反対意見だけじゃ飽き足らない」という裁判官が出れば、個別の反対意見を追加して付けるといったことになる。逆に、「そこまで書くのであれば、共同反対意見には参加できない」という人も出てくる。

私は、「投票価値の平等」の問題では、個別の反対意見を一回目から付けたのではないでしょうか。それが後になるほど段々と激しくなっていったと思います。

——その大法廷審議の時期が大体分かればと思うんですが。福田先生が着任されたのが平成七年、一九九五年の九月四日です。平成八年の判決が九月一一日、着任後ほぼ一年後なんです。ということは平成八年の春頃ですか。

福田　多数意見が確定しないと、最高裁では弁論を開かないんです。弁論の時には多数意見はでき上がっている。

――大法廷審議で結論が出ないと、何度もやることがあると思うんですが……。

福田　多数意見の形成は、大体一回目で決まってしまう。多数意見が形成されてしまえば、審議と言っても少数意見の裁判官は、ただ黙って聞いているだけです。だって、何を言っても少数意見は取り入れられないわけですからね。ある意味では切ない思いがあります。

――審議の場でいろいろ侃々諤々、議論するということも？

福田　ディスカッションを、喧々諤々の議論をするのは、実際問題として、私は、参加者九人くらいが限度だと思います。裁判官が一五人もいたら、「自分はこう思う」「じゃあ、これではどうですか」というやり取りはできません。多すぎるんです。ですから、実際には「自分はこう思う」という意見の言いっぱなしになります。

私は長期的に、外野的な言い方をすれば、最高裁は受ける事件数を減らして、裁判官数も減らすのが望ましい方向であると思います。アメリカのように九人でいつも全部やるというのも現実には難しいというのであれば、裁判官をたとえば一一人にする。そして、五人ずつの小法廷を二つ作って、その他に長官がいる。大法廷は一一人で長官が入る。そうすると常に奇数です。奇数だと多数決が形成されます。だから、二つの小法廷は今まで通りでもいいわけです。五人ですと完璧にやり取りがありますから。大法廷が一一人とすると、ちょっと多いが、しかし、今よりも意見のやり取りが増えるでしょう。相変わらず一方通行的発言の場になってしまう危険はあるかもしれないけど。それがとりあえず将来やるべきことではないかと思います。

——小法廷の人数は？

福田　今の五人でいいです。

——ある程度ディスカッションになる？

福田　完全にディスカッションになります。そうすると、詰めた意見交換が可能で、途中で意見が変わることも出てきます。問題は大法廷です。

——平成八年判決の時は、春頃の審議で多数意見の人数がパチッと出てしまって、多数意見が確定した、と。残りの審議では……。

福田　ただね、第一回の審議の多数意見でも、参議院議員の選挙区選挙の定数の最大較差（一票の価値の不平等）が増えて、六・五九倍になっていた。「これは、いくらなんでもおかしいんじゃないか」というのが多数意見にも入った。

他方、「そもそも、そんな較差を認めるのはおかしい」という反対意見に、最終的には高橋裁判官が入って、九対六になった。長官は、多数意見に入っているけれども、多数意見で「六・五九倍はいくらなんでも違憲の疑いがあるんじゃないか、しかし、結果としては憲法違反ではない」云々というような、歯に何か挟まったような言い方になっているでしょ。それが第一回目の判決の特徴で、これは三好長官の功績だと私は思っています。あの方は、本来のバランス感覚があるということです。なぜそれを基本的に変えるところまでいかないかというと、やっぱり判例の積み重ねがそれまでにあったから、それを変えるまでにはなりませんでしたけれどね。

個別意見とデータ

福田　私は、「投票価値の不平等」の存在を正面から認めている従来の判例の積み重ねそのものを変えるべきだ、という意見は最初からずいぶん固かった。ただ、個別の反対意見では、言い方をずいぶん遠慮して、最初のうちは短かった。それが段々激しくなって、二回目の判決になると、尾崎裁判官と共同で書いた反対意見はずいぶん長いでしょう。あれは、その間にいろんな国の状況を私なりに徹底して調べたんです。他国の状況について、それまで調査官室は調べていなかった。

民主主義というのは別に日本の発明ではありません。世界で民主主義というのが一番いい政治システムだということが多数の国で認識されているのが今日の世界です。そういう他の国の経験から学ばない手はない。リーディングケースを持っているに違いない国の実態はどうなっているけですよ。
かを調べる。そういうことを調べるのは、私は外交官だったからお手の物でね、調べちゃったわ

——その調べ方というのは？

福田 それは教えるわけにはいきません。私に教えてくれた人たちに迷惑がかかると困りますか
ら。すいません。

どういう経路でどのように調べたか、それはずいぶん協力してくれた人たちがいたわけです。

——それは外国？

福田 外国でも日本でも。でも、それは言えません。なぜかと言うと、そういうことに加担した
人たちに反感を持つ政治家が現実に日本にいるわけですから。

——なるほど。そこから変な圧力がかかったり？

福田 そうです。だいぶ時代が動いて十何年たちましたけど、しかし、そういうことで民主主義
体制の中にある司法の役割が損なわれるのは好ましくない。情報提供に協力してくれた人、それ
から情報を提供してくれた人たちには、「あなた方についての情報は絶対に漏らしません」と約
束して提供してもらいましたから、それはお教えできません。

——なるほど。人数とかはいかがでしょう？

福田 それもダメです。

――そうですか、分かりました。たとえば、「猪口孝ほか編　二三一ページ」などと具体的に文献引用をされている先生の個別意見（二〇〇四年一月一四日最高裁大法廷判決の追加反対意見）がありますが、そういう引用の元となる文献はどうやって調べられたのですか。

福田　書店などに行って全部自分で調べました。

――なるほど。書店で関係しそうな本をどんどん買われた？

福田　そうです。最高裁裁判官の図書購入費は潤沢でしたからね。

――年間、何冊ぐらいとか覚えていらっしゃいますか。

福田　とにかく、あっという間に書棚がいっぱいになって、読んでいらない本は捨てていくわけです。アメリカとかイギリスとかフランスとか、外国の書籍も購入していました。

――あっという間に数百冊くらい？

福田　それくらいは十分にある。

――先生の個別意見では、データを具体的にいろいろと示されています。数字がかなり出てきますが、その計算は自らされたんですか。それとも協力してくださる方がいて、何パーセントとか、何倍とか……。

福田　そういうのは全部自分でやりました。

――自分で。電卓を使ってですか。

福田　はい。すぐできます。

――結構データが多いという印象を受けるのではないでしょうか。

福田　私は、今までの日本の憲法学者の欠点の一つにそれがあると思うんです。自分の意見を言うのは一向に構いませんが、そういう基礎のデータが付いていません。訴訟は現実から始まる、実世界で起きていることから始まるわけですから。それを考えないで判決を書くことはできないと思います。

別に、理論的に優れているからできているのが民主主義ではない。ギリシャの昔からの蓄積の上で、これが一番いい政治システムだというふうに、多くの国が思うようになったということでできている。それが原点です。

――データの点で、これまでの裁判官、最高裁の裁判官はいかがですか。

福田　ですから、それは先例の重圧があります。また、その時点では、――その後はそういうことはなくなりましたけど――、そういう基礎のデータを調べないで、自分の意見を裁判官の意見として通そうとする調査官たちが一時いました。私は、それは許されないことと思っています。

――それは平成八年判決の時ですか。それともそれ以降の判決で？

福田　平成八年の大法廷判決の時から始まった。多数意見に反対する意見を私が書くことを押しつぶそうという調査官がいた。これは許せないと思いました。

——どういうようなことを言ってこられたのですか。

福田　全くの一例を言うと、「先例に反します」と言って私の原稿を消してくるわけです。

——先生は、パソコンなどで書く？　あるいは、手で？

福田　手で書きます。それを秘書官がワープロで打ってくれる。ワープロの文章を直して、調査官に出すと、「先例に反する」といって、みんな消してくる。

——原稿は調査官に出すのですか。

福田　そう。担当調査官に出してくれって言うもんだから、そこへ出す。

——決まりがあるんですか。

福田　もちろん。調査官は反対意見もまとめていかなきゃいけないんです。

——で、出してくれと言うんで、出すと……。

福田　斜線で消して、翌日に返ってくる。返し方も投げ込みで……。ふざけるな、と思いましたね。反対だから反対意見を書くのです。確立した先例に反するといって全部斜線で消して、末尾の「私は多数意見に反対である」という一文だけを残して返してくる。どういう神経かと思いましたね。「書かせない」という調査官の圧力を私はひしひしと感じたんですよ。これは、全くの一例です。

◆平成一〇年判決

——定数訴訟でも、担当調査官は一名ですか。

福田　いや、大法廷になれば首席調査官と、行政調査官室の上席調査官と、担当調査官の三人がかりです。首席調査官は、そんなバカなことは言いません、もっと立派な人ですから。問題は、担当調査官とその上の上席調査官です。上席調査官と担当調査官が頭が固いと、どうしようもない。自分だけが頭いいと思っている。だから私は言った。「どうしてもそういうことが書きたかったら、最高裁の判事になってから書きたまえ」と。

最低だったのは担当調査官です。

——その担当調査官は、平成一〇年判決（一九九八年）と平成一二年判決（二〇〇〇年）の調査官解説を書かれています。厳しかったのですか。

福田　その解説は読んでいませんが、多分、その辺りの判決が一番圧巻のやり取りだったんじゃないですかね。

——平成八年判決の時は単独意見で基本的な考え方を示されていて、その次（二回目）の平成一〇年判決の時は尾崎裁判官との共同反対意見になっていますが。

福田　尾崎さんは私の書いたものを見て、私のものに乗ったんです。

——先に福田先生の書いたものがあって、それを尾崎裁判官が見られて、「福田さんの反対意見に乗るよ」という感じで言われた？

福田　そう。それで彼自身も追加を書いて、全体がどんどん厚くなっていったんです。

――その時、原稿を合わせるのは、どなたがされるものなんですか。

福田　尾崎さんが合わせてくれました。

――なるほど。福田先生の書かれたものをベースに、尾崎裁判官が自分のものを足していかれて、筋が通った一本の意見にする、と。そのためにお二人で打ち合わせは？

福田　紙に書いてやり取りしていれば出てきます。

一回目の時、私は裁判官として非常に末席だった。調査官にすれば、「外交官出身の裁判官が反対意見を書くことなどは許せない。弁護士出身なら在野だから仕方がない」と思ったのかもしれません。官僚出身者が出てきて、「判決理論そのものが問題だ」みたいなことを言うのはどういうことか、という感じだったんじゃないですかね。

――そういうふうに言われたというわけではなく。

福田　でも、それはひしひしと感じました。だけど私は、民主主義体制の国において司法というのは、行政、立法と完全に独立して、三権が相互に牽制しあうということで成り立っている、と考えています。デモクラシーとはそういうものですから。それを、「お前は官僚出身だから」とかなんとかと思ったのでしょうかね。バカじゃなかろうかと思うんです。ほんとに叩き潰してやりたいと思った。

——先生の反対意見の原稿に引かれた斜線というのは何で線が引いてあったんですか。

福田　サインペンです。黒か青かの細いやつ。それで上の余白に「先例に反する」と書いてある。だから残ったのは、「私は反対である」という一行だけなんです。そんなバカなことはない。

——紙の大きさで言うとどれくらいですか。

福田　A３です。

——決まっているんですか。

福田　いやいや、私はA３で書いた。

——A３一枚ですか。

福田　いや、何枚も書いてあったんだけど、とにかく完全に消してあったんです。

——えっ。何ページにもわたって斜めに線が引いてあったんですか。

福田　忘れました。いずれにせよ、許せないと思いましたね。当たり前ですよ。だって調査官は、調べて補佐する役割のものです。私はその時、もし調査官がそういう対応を続けるのであれば、ロークラークを裁判官一人ずつに付けるべきだという意見も言い出しました。現実には、本来、日本の最高裁の体制ではなじまない、やるべきではないと思っていましたが、牽制のためにそういうことも言いました。

――その調査官に対してですか。

福田　調査官室に対してです。こんな調査官の存在を許すのはおかしい、と。それが、だんだんそういうことがなくなったんじゃないですかね。今はないと思いますけど。

――要するに、アメリカ連邦最高裁の方式がいいんじゃないかということをおっしゃった？

福田　そうです。あの方式をやったらどうだと言った。その担当調査官がやったことが明らかにやり過ぎだと思ってもらいたかったからです。

――福田先生がドイツの超過議席のことを書こうと思ったら、「日本で紹介している文献がないから書いてはいけない」というふうなことを調査官が言ったそうですね。

福田　そうです。担当調査官が「日本で文章化されていないものを引用することはできません。だから、それに基づく説を述べることもできません」と言った。

それで、私はドイツ連邦議会に連絡して、ドイツの連邦議会の謄本証明のある原本を手に入れたんです。そして、その担当調査官に渡しました。数日経って、「どうだ、私の言っていた通りだろう」と言ったら、「私、ドイツ語は読めませんのでファイルしておきました」という返事です。これにも呆れましたね。日本語の「孫引き」書籍があればよいと言って、原文が出てくると「読めないからファイルしておく」というのはどういう神経ですかね。

――その担当調査官は、自分の上司に決済とか受けずにそういうことをやっているのでしょうか。

それともちゃんと決済を受けた上で……。

福田　いやー、決済の世界ではなかったと思います。そう思いたいです。多くの調査官は立派な人たちでした。

――調査官室でもそういうことなんでしょうか。

福田　まあ、分かりません。とにかく自分の意見を述べるのは最高裁の裁判官の義務なんです。それを言わないと最高裁判事ではない。

いずれにしても、今申し上げたことは、ほんの一例です。他にもいろいろある。思い出すと、今でも血がたぎります。しかし、これ以上はやめましょう。調査官の多くは立派な人たちですから。

――それ以降では、平成一二年判決（二〇〇〇年）や一六年判決（二〇〇四年）の反対意見には、特にそういう妨害みたいなものはなかったのでしょうか。

福田　ありませんでした。

――しかし、平成一〇年判決（一九九八年）、一一年判決（一九九九年）の時には、かなり激しい争いが……。

福田　そうです。ふざけるなと。まあ、一番最初の時は怖い先輩の裁判官方がいるところへ、「私も反対意見ですから入れてください」と部屋に行くだけでオドオドしていたわけですからね

（笑）。

共同反対意見を書く

――定数訴訟の特色として、選挙のたびに訴訟が起きるわけですが、本質的な争点は選挙制度自体が大きく変わらなければあまり変わらない。ある程度長く在任している判事は、前に同じような事件で判断を示しているので、意見を変えづらいことになるかと思うんです。お話を伺っていて意外だったのは、もう少し判事の間で、どうあるべきなのかというようなことについて、討論がなされているのかと思ったんですけど。

福田　大法廷では議論がない。人数が多すぎてね。自分の意見の一方的表明で時間が経ってしまう。

私にとって定数訴訟の二回目の時、平成一〇年判決（一九九八年）において、尾崎さんは、「一回目の時の共同反対意見の時は、そこまでは言っていなかった激しい意見に自分は乗り換える。それは福田の意見に自分は賛成したいからだ」という趣旨のことをみんなの前で言って、私の意見に乗った。それは非常に珍しいことです。

――反対意見を共同で書く時は、大野裁判官の時のように毎回皆さんで集まって、打ち合わせをしたりというようなことはなされるのですね。

福田　そうです。共同で書く限り、必ず打ち合わせをします。それも結構、複数回議論を詰めていく感じです。

――実際に執筆されるのは、その中でリーダー格の方が？

福田　まぁ、リーダーか二番目か。「私が書きましょう」「私が書いてみましょう」という人が必ず誰かいます。

――それは、その時に集まった人たちの意見を集約する形で書くということですね。

福田　そうです。

――それが一回できあがった後に……。

福田　後に、「こうしたらどうですか」というのがまたある。

他の省庁出身者と外務省出身者の違うことは、他の省庁は、たとえば大蔵省では課長になると自ら筆を執って書くということがなくなり、課長補佐が書いて、それを課長が見て、局長に上げるということなのだそうで、ものを自分で書くというのは大体、課長補佐止まりだそうです。

ところが、外交官は、大使になっても会議があると自分で報告を書かざるをえない。自分でものを書くというのが、外交官は一番上までやる。それが非常に特徴だと思いますね。つまり、どんな優秀な官僚でも、他の省庁の人たちは、上に行くほど自分でものごとを書くことがなくなってしまう仕組みのようです。裁判官は自分で書くことが多い。そういう意味では外交官と共通しているところがあると思いましたね。

——共同反対意見を代表の方が書かれた後に、「ここはもっと強くすべきだ」とか、「強すぎる」とか、そういう意見はバンバン出るものなんでしょうか。

福田　それはあります。つまり、「こんなこと書くんだったら、これ乗れないね」ということになるんです。

——そういう時はなるべく、共同反対意見に乗る人の数を増やす方向に働くんでしょうか。それとも中身で勝負という感じになってくる？

福田　中身で勝負ですね。ただ、むしろ多数意見のほうが、多数を構成しなければならないという制約があるので、最大公約数と言ったらいいか、最小公倍数と言ったらいいか、最大公約数でみんなが乗る部分までしか書かないんです。

——なるほど、なるほど。

福田　それが多数意見の特徴なんです。多分、一部を除くと、みんな「食い足りない」と思っている部分があるんですよ。でも、多数意見ができあがるのは、それしか書いていないからです。多数意見の問題は、常にそういうところがある。それ以上、書いたとたんに抜ける人が出てくるんです。

――定数訴訟のように、審議の最初の段階で多数意見が「合憲」とか「違憲状態」とか、わりに緩やかな判断だった場合、判決の起案は担当調査官がされるんですか。

福田　多数意見はそうです。

――それは反対意見の判事の皆さんにも回覧されるんですか。

福田　回覧というか、横で見ているだけです。反対意見だからお前たちは関係ないだろうという感じです。

――案文のコピーのようなものは配布されないということですか。

福田　いや、配られます。けれど、文句は言わせないという感じです。

――事実上、発言権がない？

福田　ないです。多数意見が審議されているのを横で見ている。あとは、少数意見は少数意見で別途で書く。

――大野先生のところで集まられたみたいに、反対意見の方は集まったりしますけれども、多数意見の方だけで集まったりする評議の場というのはあるんでしょうか。

福田　それはありません。

――ないんですか。それは大法廷の場で、調査官がいろいろお膳立てをして……。

福田　お膳立てというか、案文を配ります。そうすると、多数意見の人たちは、「ここはこう直せ」とか何とか言いますから、私たちは横で座って聞いているという感じです。

——それは一方的に「こういうように足せ」とか言うのでしょうか。それとも……。

福田　いや、そこまで言いません。

◆平成一一年判決

——平成一一年判決（一九九九年）の時、先生の反対意見の中で、その理由について、「あえて別途反対意見を述べることとした」[2]というふうに、「あえて別途」と書かれているんですが、これは何か特段の意図があったんですか。

福田　いや、それはなぜかというと、共同反対意見があるでしょう。それでは食い足りない、しかし、私の反対意見を全部の裁判官にのませることはできない。だから、それはあえて別途書きます、という程度の意味です。

——それまでは、二回とも共同反対意見に名前を加えられていましたが、この平成一一年判決の

（2）平成一一年一一月一〇日最高裁大法廷判決の裁判官福田博の反対意見「私は、裁判官河合伸一、同遠藤光男、同元原利文、同梶谷玄の反対意見に共感するところが多いが、憲法に定める投票価値の平等は、極めて厳格に貫徹されるべき原則であり、選挙区割りを決定するに当たり全く技術的な理由で例外的に認められることのある平等からのかい離も、最大較差二倍を大幅に下回る水準で限定されるべきであるとの考えを持っているので、その理由等につき、あえて別途反対意見を述べることとした。」

時は加わらなかったんですね。

福田　共同反対意見が食い足りないからです。やっぱり足りない。最初から厳しいのを書こうという、それだけの趣旨です。

――なるほど。その時の先生の反対意見で、「一人別枠制」(3)について言及されていますが、これはいつ頃から、どうして着目されたのですか。

福田　大野裁判官室に集まった最初の時から、「本当は、一人別枠制はおかしいよね」というのが五人の中に既にあったんです。「一人別枠制」は竹下登さんが導入したそうで、竹下さんの側にいた人に聞くと、なかなか巧妙なアイディアで、これですべてうまく行くと自画自賛したという話を聞いたことがあります。

――その後、最高裁は「一人別枠制」について批判しています。

福田　そうです。平成二三年（二〇一一）三月二三日に出された大法廷判決（竹崎博允裁判長）の多数意見は、「一人別枠制」が憲法の投票価値の平等の要請に反するものであることを初めて明確に述べました。

職業裁判官出身の最高裁判事で、投票価値の重要性について私の考えに近かった泉徳治裁判官（後述）が退官された後は、たぶん近藤崇晴（たかはる）さん（一九四四〜二〇一〇年。最高裁首席調査官、仙台高裁長官などを経て、二〇〇七年から一〇年まで最高裁判事。在任中、病気で死去）辺りが私の考え方に近かったのではないかと思いますが、この判決は近藤さんが亡くなった後に出された判決です。他の職業裁判官出身の最高裁判事の中にもそのような考え方をする人たちが出てきたということでしょうね。

この判決で使われた論理は「一人別枠制は今やその有用性を失った」というものです。それまでの判決で一旦オーケーしてあるので、変えるのにどうしたらメンツを潰さないで変えられるかということを考えたんでしょうね。

――落としどころ。

福田　そうそう。

（3）　平成一一年一一月一〇日最高裁大法廷判決の裁判官福田博の反対意見「衆・参両院議員選挙について近年行われた公職選挙法の改正は、いずれも平等原則を十分に遵守するために必要な是正を行っていない。今回問題となっている改正公選法について見れば、個人の投票価値は他人のそれと同一であるにもかかわらず、選挙区選挙について最大較差が二倍以上にならないことを改正の基本方針としている点で、そもそも質的に不十分なものであること（最大較差二倍とは、要するに一人の投票に二人分の投票価値を認めるということである。）、そして、それを所与のものとして、いわゆる「一人別枠制」（それは、正に投票価値についての明白かつ恣意的な操作である。）を導入し、平成二年一〇月実施の国勢調査によっても三〇〇の選挙区中二八の選挙区において一対二を超える例外を当初から設けていることの二点において、憲法が定める代表民主制の基本的前提である平等原則を遵守していない。そして、次に述べるようにそれを正当化する理由は存在しないのである。〔後略〕」

――先生は、平成一一年判決（一九九九年）の反対意見で「一人別枠制」を批判された。

福田　それは常識でしょう。だって、投票価値が平等ではなかったら、多数決で決めるという民主制の基本が損なわれるわけで、実に単純なことです。私は、「サッカーをやる時に片方だけゴールポストが広くてどうするんだ」と、どこかのコメントに書きました。

◆平成一二年判決

――先生は、平成一二年判決（二〇〇〇年）に対する追加反対意見で、「今回は、やや異なる視点から」として書き出されています[4]。すなわち、〈選挙に関する立法は国会に広範な裁量権があり、最高裁判例が参議院選挙については六倍程度までの最大較差を合憲としてきていることに照らせば、多数意見は、今回問題となっている最大較差は五倍未満であるから当然に合憲と考えていると理解され、そのような考え方が当を得ていないことは、これまで他の機会に十分述べてあるが、「今回は、やや異なる視点から」述べることとしたい〉とされています。このようにされた意図は？

福田　つまり、投票価値の平等については国会の裁量というのはない、というのが私の意見なんです。「国会の広い裁量」というのが従来の判決だった。私の意見を契機として多数意見から「広い」というのが取れ、単に「国会の裁量」となったんです。

――それは朝から夕方まで裁判官室で考える中で、今回はこういうところを、と……。

福田　弱いところを攻めればいいですからね。「広い」「広い」というのは、詰まるところ、司法の責任放棄ですよ、と言ったのです。それが影響したと思いますが、多数意見の中からも「国会の広い裁量」の「広い」を削ろうという話になったのではないですかね。それは一つの成果だと思っています。

――そうですね。思いつかれたきっかけは？

福田　要するに「平等」です。

（4）平成一二年九月六日最高裁大法廷判決の裁判官福田博の追加反対意見「多数意見は、要するに、選挙に関する立法については国会に広範な裁量権があり、従来の最高裁判例が衆議院議員選挙については三倍程度、参議院（地方選出ないし選挙区選出。以下同じ。）議員選挙については六倍程度までの最大較差を合憲としてきていることに照らせば、今回問題となっている参議院議員選挙の最大較差は五倍未満に収まっており、当然に合憲であるというものと理解される。このような考え方が当を得ていないことは、前記反対意見及び私が他の機会に述べた諸意見（参議院議員選挙に関する平成一〇年大法廷判決における裁判官尾崎行信、同福田博の追加反対意見、衆議院議員選挙に関する最高裁平成一一年（行ツ）第七号同年一一月一〇日大法廷判決・民集五三巻八号一四四一頁における裁判官福田博の反対意見のうち参議院議員選挙にも共通する部分）で十分述べてあるが、今回は、やや異なる視点から、最高裁判所が一連の定数訴訟に関する従来の考えを改め、投票価値の平等は憲法に定められた基本的人権であって厳格に遵守されるべきものであり、国会が裁量によりこれを左右し得る幅は極めて小さい旨を明らかにすることが司法の責務に沿うこと、また、その必要性は急速に高まっていることを追加して述べることとしたい。」

投票価値を平等にしないというのは民主主義のイロハを分かってないと、本当はそう書きたい。しかし、裁判官の判決らしく、もっともらしく書く。

そもそも冷戦時代だったら、私は、「本来は投票価値を重視する選挙制度に改められるべきであるが、今のような冷戦時代にあっては、臨時的に今の制度を安定のために続けるのも許される余地があるだろう」というような判決を書けばよかったと思っています。

しかし、それは法律理論ではないですね。法律理論で詰めてしまって、「これくらいの倍数は、最大較差はいいのだ」なんていう判決を出すからそれに縛られて、後の人は動きが取れなくなる。そうではなくて、法律論でない反対意見を、判決を出せばいい。今は非常時にある、と。そうすれば、冷戦が終わった後に変えればいいんです。冷戦は一九九一年には完全に終わっている。九七年になっても全然それが変わらなくて、確立した判例である、と言ってくるバカな調査官がいる。それを私は、そういうことをやっていると、三権分立の司法というのが本当に軽んじられて、無視される時代がすぐに来る、と怒った。でも、本来は司法というのは非常に重要なんだ、と。

ちなみに、隣の韓国なんて見ていると、本当に一種の司法積極主義ですね。それも悪い意味でね。日韓国交正常化で五〇年前に正常化した時に処理した話を、憲法の規定によれば何とかかんとかと言ってひっくり返そうとしている。そういう司法の存在は、行政府と立法府がオーケーして結んだ条約そのものを否定してしまうという意味で、行政府と立法府の当事者能力を損ねています。

しかし、見ていると、それに韓国政府は手が出せない。あんなことじゃ、一般国際法を明文化した条約法条約にも明らかに反するし――これには韓国も日本も加盟国で入っているわけですから――、韓国を見ていると、民主主義の国の司法じゃなくなっていますね。「法の支配」の上に「感情」が立っている。(5)

――先生の著作を読んで伺いたいと思ったのが、「法の支配」という言葉、概念についてです。「法の支配」とは何なのかということについて、裁判官たちの考え方が違うのではないかと思うこともある、という趣旨のことを先生は書かれていますね。定数訴訟や民主主義の問題を「法の支配」の関係で、特にどういうところに他の人の理解に問題があるとお考えになったのかな、と。

福田　「法の支配」というのは、民主主義の国だけにある概念、それも発生的には英米法系の国で発達した概念です。共産主義国家の、たとえば中国に「法の支配」はありません。あれは、共産党支配であって、共産党が作った法律に従うことを「法の支配」と彼らは言っているけども、それは法律にそう書いたというだけで、朝書いたものを夕方変えても、それは「法の支配」があるということになる。

（5）平成二七年一二月二三日、韓国憲法裁判所は、日韓請求権協定の違憲性を判断せず、訴えを却下した。

しかし、「法の支配」というのは、もう少し普遍的なものです。もともとコモンローの国で「法の支配」というのは、いわゆるジャッジ・メイド・ロー（判例法）の集積みたいなところがあるんですが、私が言っている「法の支配」というのは、そのころ考えていたのは、最初に言ったように「法の支配」というのは民主主義の中にあるものであって、民主主義とは何かというと多数決で決めていく、しかし、だからといって少数意見の人の基本的人権とかそういうものを阻害してはいけない。そういうのが両立しているのが現代民主主義における「法の支配」の概念だと私は思っています。

そうだとすると、最初の多数決で決めるということがそもそも今の日本の選挙制度ではなくなっているから、だから「法の支配」はない。私は今でもそう思っていて、ある日本の人が、この間、亡くなったんですが、この人も「日本に法の支配はないね」と言っていました。

一般財団法人・日本法律家協会という団体は、『法の支配』という雑誌を出しています。私は、その団体の常任理事です。雑誌タイトルを見て、違和感を感じることがあるんです。残念ながら、日本に「法の支配」は完全にはない。多数を形成したからといって、少数の基本的人権をつぶしてもいいとはならない。少数者の人権も同じように大事なんです。ですが、その前の「多数決」というものが実現できていないシステムでは、「法の支配」のそもそものベースがない。だから、残念ながら、わが国にはそういう意味での「法の支配」はないですね。

ただ、「法の支配」は、安倍さん（内閣総理大臣）の演説でもいっぱい出てくる。あれはいいですよ。だって周りにそうでないやつがいっぱいいるからね。是非いろいろな機会に言ってもらいたい。だけども、そう言うんだったら、もうちょっといろいろ改めないといけないところが日本にもある。あれは安上がりだから言えるというものではありません。

「法の支配」というのは軽々に使う言葉ではない。もともとアングロサクソン法の理論ですからね。我々のように大陸法の人には分かりにくいんですけど、民主主義のほうから考えていくと分かりやすいと思います。

◆平成一六年判決

――先生は、平成八年判決（一九九六年）の時の反対意見で、投票価値が「二対一まで合憲」とする考えに同調したようなところがあったけれども、この考えはやはり正しくない、という趣旨のことを平成一六年判決（二〇〇四年）の追加反対意見に書かれています。(6)

平成八年判決の時、すでに、他の意見、反対意見の皆さんの議論などを聞かれて、やはり不十分であるとお感じになられたのでしょうか。

福田　そうです。反対意見でまとまった共同意見だから、ある程度は妥協しないといけません。でも、聞いていて、やっぱり民主主義の基本は多数決であるということであれば、多数決の基本、つまり投票価値の平等――これがないと何が多数か分からない――そのものを阻害するということは許されない、と思いました。代表制ですから、どうしても選挙区ごとに多少の「出入り」はあります。どうしても「誤差」ができる。誤差の範囲はしょうがないんです。

だけど二倍までがいいとかね、「倍数論」というのは現在に至るまである。最高裁判決として理論的にまかり通っている。「投票価値が平等でない」ことを前提としなければ出てこない論理です。大法廷の論理をきちんと変えなければならない。

有権者が一億人いるとして、議員を二〇〇人選ぶとすれば、一つのところに五〇万人と。五〇万人の「選挙区ごとの出入りが三パーセントなら問題なくオッケーだろう。でも、四パーセントだったら絶対アウト」とアメリカ連邦最高裁のスカリア裁判官（Antonin Scalia：一九八六年九月に五〇歳で連邦最高裁裁判官に就任し、七九歳の現在も在任中。保守派とされる）が私に言ったことがある。そういうことが実現すると、本当に「投票価値の平等」に近くなりますね。

――アメリカ連邦最高裁の慣行として、平均から四パーセントの乖離があれば、修正が義務づけられている、とスカリア判事から教えていただいたということですが。

福田　スカリアさんが日本に来た時、一緒に食事をしたんです。

――それは何年頃の話ですか。

福田　二〇〇〇年頃ではなかったかと思います。明治大学の近くの山の上ホテル（東京・神田駿河台）です。一緒に朝食をとりました。

そのとき彼は、最初、非常にガードが固かったんですが、「自分の思うところでは、各選挙区の平均からの乖離率が三パーセントだったら問題ないと言えるだろう。しかし、四パーセントだったら間違いなくアウトだ」と言った。スカリア判事がそこまで言うなら、そういうことなんだろうな、と思いました。つまり、アメリカでは、いろんな判決が出てそのあとピタッと止まります。行くところまで行って、〇・七パーセントだとか何とかいう極端なのもありますが、そこ

（6）　平成一六年一月一四日最高裁大法廷判決の裁判官福田博の追加反対意見「反対意見の中には現在の公職選挙法で認められている1票の較差を違憲とするものの、最大較差2倍までを合憲として許容する立場のものも多い。この考えは、長年にわたり大きな較差が存続している情況の中で、較差の是正に向けて、やや現実との妥協を図って提案されているものであり、それなりに好意的な受け取めをされることがある。私も、平成八年大法廷判決における反対意見で、この考えに同調したことがある。しかし、この提案は、やはり正しくないというのがその後の私の考えである。すなわち、現代民主主義政治における投票価値の平等とはあくまでも1対1を基本とするもので、1対2は1対1ではない（別の言い方をすると、1対2が認められるのであれば、どうして1対3や1対4が認められないのかは、理論的に説明できない。）。就中、最も問題であるのは、仮にある程度の較差は認めることができるという司法判断があると、国会は、それを奇貨として、更にその例外を温存することに邁進するのが現実であることである。例えば、衆議院議員の選挙区選挙でもそのようなことが現実化している（それぞれの県につき定数1をあらかじめ配分するといういわゆる1人別枠方式を採用しているため、現実問題として最大2倍内に較差を収めることはできない。）のが何よりの証明である。」

でいかなくても、という感じですかね。

日本とは異質の問題ですけど、アメリカの投票価値の平等理論は黒人差別から起こりました。黒人差別解消の公民権運動が高まった時に、同時並行的に最高裁で決着がついたというわけです。

日本では、黒人差別はないし、外国籍の人に投票機会、投票権を与えるという雰囲気でもありません。ちょっとやりかけた国が北欧などにあるけれど、地方だけですね。しかも、それが一般化しているわけでもなさそうです。だから、それはそれで仕方がないことでしょう。これだけ周りの地域でいろいろなことが起こっているのを見ていると、やっぱり、国の運命を決するのは、その国の市民、国民なんです。ただ税金を払って住んでいるだけじゃダメで、国籍を持っている、市民権を持っている、そういう人じゃないと国の運命について真剣に考えないですよ。それに限るというのは、十分、理にかなっていると思います。

いずれ、国というのは、国際法というか世界法の中核にある概念でなくなる時代が来るかもしれませんが、それは、まだ先のことです。今はそうじゃありません。

「平均からの乖離論」

福田　去年（二〇一四年）、内閣法制局長官だった人（山本庸幸裁判官）が、定数訴訟の判決に初めて入った。なぜ初めてかというと、私の理解では、これまでの内閣法制局長官経験者は、必ず国会答弁のどこかで定数較差を擁護しているんです。「倍数がいくらになっても問題ないというのは確立している」というような意見を最初に述べてしまっています。公平でない、あらかじめ予見をもって裁判をするということになるから、排除されるんです。したがって、内閣法制局長官が最高裁判決の定数訴訟に入ったことはなかった。山本裁判官は、たまたまそれをやっていなかったので入れたんだと思います。

ただ、彼は非常に激しい意見を持っているが、数字的に計算すると四捨五入なんですね。四捨五入というのは算数ではいいけど、人間で四捨五入では、お前の人権、基本的人権一・四は〇・五と同じという話ではないだろう、と。もっとそれよりはきつくならなきゃダメだと、私は思っています。

でも、私は、今は裁判官ではありません。ただの私人ですから、そういう人の意見の一つと思って聞いていただきたいのですが、平均から一〇パーセント上限と下限、たとえば五〇万人だったら五五万から四五万の間だったらとりあえずいいんじゃないか、という考え方も過渡的にはあるのではないか、と考えています。いずれ段々もっと厳重にするにしても、とりあえずそういうことでやるとしてはどうかと思っています。

ちなみにアメリカの連邦最高裁では、来年、二〇一六年の審議でレイノルズ対シムズ事件の、ワンパーソン・ワンボートの「パーソン」の定義は何かという問題が取り上げられる予定と聞いています。アメリカでは、「人口」か、「成人」か、「有権者」か、その点は、これまではっきりしていない。アメリカ連邦最高裁判決と言えどもです。

しかし、私は、その点はずっと反対意見を書く中で、はっきりしています。私は、「有権者」という言葉を使いました。「人口」とは言っていない。なぜかというと、主権国家というのは世界中にそれぞれあって、それが主権を行使して、世界が成り立っているという現実に照らせば、その国の運命を決めるのは「有権者」なんだということになります。「人口」ではない。入ってきて滞在している外国人が入るかとか、赤ん坊が入るかとか、そういうことではない。「有権者」だと。だから、「有権者」をカウントすべきだというのが私の意見です。アメリカは、もともと移民でできた国ですから考え方が違うかもしれません。来年の判決はどうなるでしょう。

さて話を戻すと、現状を簡単に言えば、かりに一〇〇万人の有権者で一人しか選べないという選挙区がある。しかし二五万人で一人選べてしまうところもある。倍数論で言うと、一〇〇万人で一人しか選べないところと二五万人で一人しか選べないところというのは、実は一〇〇÷二五ですから四倍の最大較差があるという話なんです。だけど、常に一つでもそういうところがあったら——四倍でも二倍でもなんでもいいですから——、すべての選挙が無効であるという主張がたぶん、升永英俊さんとか、山口邦明さんとか反対派の弁護士が現在、最高裁でやっている議論だと思います。これまでの最高裁判決も、「最大較差」という概念を導入して、その上にずーと今日まで来ている。

私は、これではなかなかうまくいかないと思っています。その部分を直さなければならない。

つまり、もし五〇万人の有権者数が一つの選挙区の平均有権者数であると仮定すれば、それに近いところの選挙区の投票を無効にする必要は全然ない。二〇〇の選挙区うち一〇〇くらいはそれに当たるのではないでしょうか。そうであれば、一〇〇の選挙区については、選挙は有効にすればいい。有効にすると残るのは半分。多い有権者がいながら選んでいるところについては、次点も当選にしてしまえば済むところが多いかもしれない。衆議院では比例代表で復活当選という制度があるから、あれで復活して助かっている人がいるので、そういうところでは次点も当選といっても現実の意味がない。比例で復活してしまっているから、現実に受益する候補者はいなくなってしまっている。理論としては違憲なんですが、司法といえども、統治システムの一部ですから、現実に損失がなければ、「これは無効である」という宣言をわざわざする必要はない。だから復活しちゃって、たまたまそれが次点の人だったらいわば手当て済なのです。

そうすると問題は、得票が少なくて当選者がでているところ。これは無効にせざるをえない。だけど、無効にするということは代表がいないということになってしまう。だから許されないということであれば、逆に、一番少ない数で当選させたところより多く票をとったところは全部当選させる、という考えもあるのかもしれない。そうすると、当選者の総数はうんと増える。たぶん、今の日本だったら二〇〇人くらい増えるのでしょうかね。

とにかく、今の衆議院の議論をみると、投票価値の問題を定員削減の話を絡めて、与党も野党も「俺たちは一生懸命やっているよ」という格好をつけているように見えますね。定員削減は、国会の機能の合理性の話をやっているだけで、基本的な選挙権の話とは関係がないです。予算で歳費の総額を決めておいて、選挙が終わってたくさん当選者が出たら歳費は半分に減らすという方法もあります。そうしたら、みんな必死になって投票価値の不平等是正のために頑張りますよ。イギリスは、日本より有権者数がずっと少ないのに、国会議員は六五〇人いるんですからね。

——そうですね。

福田　イギリスの下院議員は、日本の衆議院議員よりずっと多い。議員がある程度多いのは、実は必要という考えかもしれませんね。なぜかというと、将来有望な政治家を育てるためには地方議会だけではダメで、中央議会で、ある程度鍛錬を受けて、いろんな委員会に所属して、勉強する人が多くないと、いい政治家が出てこないのではないでしょうか。だから、定員削減を一緒にやるなんて言っていますが、あれは目指しているところは与野党共通して現職議員が失職しないようにと、投票価値の不平等から目をそらさせるための方策に過ぎない、それだけの話と思っています。だから、それをきちんと見分けないといけない。そのためには、最大較差だけですべてを判断するという部分は、最高裁大法廷が直さなければならない。そこの理論を変えなければならないんです。

有権者が選挙で選ぶのが国会議員であるが、その国会議員が有権者の投票価値を決められるというのは、どう見てもおかしい。それ自身、利益相反（conflict of interest）であるし、憲法に書いてある「国民主権」の概念にそもそも反します。

――昭和五一年（一九七六年）の最高裁判決の時などは、いわゆる較差だけではなくて、もう少しいろんな話が出ていたのに、どうして較差の話だけに収斂していってしまったのか。

福田　そうです。だから、今後の最高裁判決の大法廷判決の眼目の一つは、とにかく投票価値の平等に近い数の有権者のいる選挙区の選挙を無効にする必要はない、ということを原則として考えるということだと思います。

最大較差論で、すべての選挙区の選挙を無効にするか、有効にするかという議論だけでは統治機構の一部である最高裁の将来展望はありません。来年二〇一六年は、ちょうど参議院議員選挙の年ですから、一つのよいチャンスかもしれません。参議院は三年ごとの半数改選ですから、少数の有権者で選んでいる選挙区の選挙を無効にしても、前の選挙でまだ三年の任期が残っているのが半分いる。代表がいないという選挙区はないから、あと三年もつ。その間に決定的に改革することも可能です。それでなかったら、最低得票で当選した人より得票の多い人を全部当選者としてみなすという判決を下さなければいけない、というようなことでも付け足せれば、必死になって改革をやるかもしれません。能率とか定員削減の話は、投票価値の平等の話とおよそ無関係であって、それは別の方法である程度、経費という点で削減できる方法がある。歳費は人数に応じた予算で、と誰かが補足意見で書けばいいんです。

――なるほど。

福田　衆議院議員について言うと、今回、二〇一五年五月に出そろった高裁判決のいいところは、すべての選挙区について争われている点です。ひと昔前の高裁判決は、東京一区とかそういう一部の選挙区だけしかでなかった。だから、今言ったような論点に及ぶ余地がなかった。今度は全部争っているから、やろうと思えば、そういうことができるんです。

「最大較差二倍まで」論

――先ほどのお話と重複するところがあるんですけども、平成一六年判決の追加反対意見の中での記述です。すなわち、「最大較差二倍までを合憲として許容する考えに、私も平成八年判決で同調したことがあるけれども、しかし、この点は正しくないというのが私の考えである」〔原文は注5〕というふうに説を改められています。

福田　本当のことを言うと、平成八年判決の時も反対したかったんだけど、大野裁判官に「これも反対です」というのでは、共同反対意見を形成するのに差しさわりがある。いくらなんでも、店に入ってきてモノを壊して出ていくみたいな人間だと思われることは避けたい、と遠慮したのです。

その後は言わずに、平成一六年の段階で「もういいだろう」と。だって、大野さんも退官したし、私が一番シニアになったしね。

――もういいだろう、と思われたきっかけみたいなものはあったんですか。それとも時期的な問題？

福田　多数意見の人にも私の言いたいことが少しずつ伝わっていた、と思ったことはあります。国会の「広い裁量」の「広い」がなくなったとかね。

――聞く耳を持たれだしたんじゃないかと。

福田　そう思いたいですね。たとえば泉徳治さんなんかはそうかもしれません。泉さんは職業裁判官出身です。職業裁判官出身の裁判官にも、私の意見に賛成する人が出てきた。そういう裁判官が出てきたのは画期的なことですよ。

――ということは、個々の見解もやがては受け入れられるようになっていくだろうという期待というか確信を込めて、「最大較差二倍までを合憲として許容する考え」を変更することを、この時点で入れられた？

福田　そうです。それを言わないと、二倍がよければ三倍もいい、三倍がよければ四倍もいい。

そうなってしまう。塩加減の強すぎる味噌汁だと、いや俺は濃い味が好きだとか、薄い味が好きだとか、そういう趣味の世界になってしまう。

——芦部信喜先生（憲法学者）も「較差二倍まで」[7]という趣旨のことを……。

福田　そうなんです。私は、外務省人事課長の当時、芦部さんに憲法の試験官を頼んで、「司法試験だけで忙しいから外交官試験は勘弁してよ」と言われるところを「お願いします」と言って引きずり込んだりしていたんです。芦部さんは、大変立派な学者ですが、較差のことについては、学者なんだから、今にしていえばもっと外国のことも調べてもらいたかったとも思いましたね。

——芦部先生は本来、アメリカに精通されていますが。

福田　一般論を言って大変恐縮ですが、日本の学者は、自分の説を作って、それをプロモート（推進）することにまずエネルギーを注ぐ。それは学者としての一つの生き方だと思うけれども、それは「あっそう」と言って読むだけで終わりなわけです。やはり憲法学者というのは、裁判所の憲法解釈に影響力がなければいけない。それは、日本みたいな国だったら、民主主義を推進する。それに役立つことを言わなきゃいけないんです。実質的なケースに即してね。

——二倍の考え方ですか。

福田　そうです。だけど、それは、最高裁自身が元々の大法廷の判決で最大較差だけを批判して、だからいいんだとか、この程度だから許されるんだとか、これは国会の広い裁量だとか、つまり、問い詰められると新しい逃げ口で理論化してやったのが、最大の元凶かも知れません。

私は、選挙区ごとを見て、平均に近ければ、それは有効であるといって、ダメなところをどうするかという考え方をしないといけないと思っています。そうしないと、永久に物事は解決しない。私は、ずっと一貫して「平均からの乖離」を使っています。

——そうですね。乖離率。

福田　それを言っています。あの乖離という字は案外、難しい字なんですけどね。アメリカの判決を見ると、みんな乖離です。イギリスでもドイツでも、フランスでもみんなそうです。最大較差というのだけを取り上げて、オール・オア・ナッシングを争うのは現実的ではありません。

選挙無効訴訟の升永英俊さん（弁護士）という方がおられますね。彼が弁護士として関わった「青色発光ダイオード訴訟」というのがあって、その報酬を使って升永さんは「定数訴訟」をやることにした。

升永さんのすごかったのは、訴訟でもらった金をみんな新聞広告費に注ぎ込んだところです。

（7）　芦部信喜・高橋和之補訂『憲法〔第六版〕』一四一頁（岩波書店、二〇一五年）では、「衆議院議員選挙については、具体的には、一票の重みが議員一人当たりの人口の最高選挙区と最低選挙区とでおおむね二対一以上に開くことは、投票価値の平等の要請に反すると解するのが妥当である」としている。

新聞は、みんなそれを取り上げるようになった。やっぱり新聞というのは、広告費をたくさんくれるところに関心を示します。直接言うと、新聞に怒られるからね（笑）。でも現実ですよ。けれど、選挙無効訴訟は、東京一区だけを問題にしているのではダメです。全部の選挙区で訴訟を起こし、各地の高裁判決を求めたのは大きな功績と思います。

——升永さんは、定数の問題について二〇〇二年ごろ疑問を感じるようになったそうですね。

福田　そうですか。でも、その時、私は最高裁判事だからね。

とにかく最大較差論は、要するに「さじ加減論」ですよ。さじ加減ということになれば、三倍、四倍でも構わないということになります。「平等」というのはそういうものじゃない。選挙権とか基本的人権はそういうものではありません。

——先ほど、泉徳治・最高裁裁判官の話が出ましたけども、平成一六年判決（二〇〇四年）の時には、泉裁判官や島田仁郎裁判官（二〇〇六〜〇八年まで最高裁長官）がほぼ同時に最高裁に加わるなどして、最初の平成八年判決の頃とはかなり裁判官の構成も変わっていた……。

福田　そうです。大体五年たつと変わりますね。今年（二〇一五年）の八月で私が辞めて一〇年になりますが、私の後の世代の次の世代が今、終わろうとしています。だから、私が辞めてからそろそろ第三世代に入ります。もう知っている人も非常に少なくなってきました。

——キャリアの裁判官出身で入ってこられた方は、あまり大胆な意見を述べられない方が多く、平成八年頃は、在野の人と分かれていたわけですが、その後、泉さんがおかしいという立場に立たれているということは、大法廷の評議の段階とかで先生はご存じでしたか。

福田　泉さんは、「投票価値はもっと平等であるべきである」ということをはっきり言われた。私は聞いていて感激しました。つまり、最高裁判所の裁判官一五人のうち、職業裁判官出身は六人しかいませんが、その人たちが最高裁判所の中核を形成しているんです。なんと言っても、いろんなことを知っているわけだし、司法というのは彼らに頼って、成長して存続しているのが日本なんです。その人たちを説得できなきゃダメなんです。私は、そのために努力した。でも、そういう人が出てきた。

私が辞めた後、それに近い人たちが、亡くなっちゃたけど、近藤さんとかがいました。調査官の中にもそういう人がいるんじゃないかと思うようになりました。これはやっぱり、いいことだなと。日本の司法も生き延びられる、と思った。だから、泉さんが出てきたのは刮目すべきことでした。つまり、あれを言うことによって、彼は明らかにいろんなことで損していると思いますね。

――損しますか。

福田　損すると思います。でも、最高裁判事になっちゃったから、もうこれ以上いきようないからいいと思って、彼は言い出すようになったんでしょう。それは見上げたものだと思います。

——大法廷の評議までは、全く泉さんの考え方をご存じなかった？

福田　全く知らなかった。

——じゃあ、評議の時に反対だったと言われたことで、ホーというふうに。

福田　そうです。

——なるほど。その後、反対意見の裁判官が集まった時、かつての大野さんの時みたいに、泉さんに対して「何しに来たんだ」というような会話はなかったですか。

福田　反対意見の人はあっという間に、大野さんのような恐れ多いところに参上してやるというようなことでなくてできちゃいましたね。集まってというのも、ごく短時間で打ち合わせをして、あとは「これでいきますか」というようなもので、それで落着という感じです。

——当時は、どの裁判官のお部屋に集まられたのでしょうか。

福田　忘れちゃいましたけど、一番シニアなのは私だから、私の部屋かもしれませんね。でも、一番大事なのは一番最初、その印象というのは覚えています。なんでもそうでしょう。びくびくしながら大野先生のところに行ったことは覚えていますよ（笑）。

——先生にとってはきわめて印象深かった？

福田　そうです。

——先生が最高裁判事として、ちょうど折り返し地点の二〇〇〇年ですが、日本経済新聞に「最高裁の役割と福田意見」という見出しがついた社説が掲載されました。

福田　そうでしたかね。大体、新聞の社説に出るのなんてろくなことはない（笑）。そういうものに出て、そういうことを利用して、意見を、影響力を及ぼそうとしているのかと誤解する人だっていますよ。そんな社説があったんですか。

「投票価値の不平等」と「一票の格差」

――これまでのお話と若干重複しますが、先生は、「投票価値の不平等」と表現されています。それは、「一票の格差」とどのように違うんでしょうか。

福田　「一票の格差」という言葉は、最大較差という今の最高裁の理論構成の根拠を肯定しているような言い方でしょう。それは間違いで、「投票価値の平等」に近い選挙区は別に無効にする必要はないという部分で、両者の間に基本的な論理で相矛盾するところがある。したがって、「一票の格差」という言葉は使うべきではない。代表民主制の中では、較差という概念はありえない。というか、あってはならない。そういうことを認めると、較差はどこまで許されるかとかいう、つまらない話になる。

――「投票価値の不平等」の問題として、先生は、地方選挙の事案も扱っておられます。最近またこの辺が、泉徳治・元最高裁判事が原告として裁判を起こされるなどして、いろいろ話題になり、注目されてきているようにも思うんですが、基本的な考え方としては国政選挙の場合と全く同じように考えて……。

福田　地方選挙の事案も国政選挙の場合と同じです。たとえば、千代田区は都議会議員を出しています。千代田区という人口の少ないところから一人議員を出している。私は、おかしいと思って、そういう意見を書いたこともあります。ただ、私は千代田区の住民ですからね。なかなか悩ましかった（笑）。でも、やっぱりおかしい、と。

——都市部の場合、夜、住んでいる夜間人口と、昼、会社などに来ている昼間人口というと先生のお考えに合わないかもしれませんが、昼間有権者数と夜間有権者数が違うという、まさに千代田区なんてその典型だと思うんですが、そういうのはどういうふうにお考えですか。

福田　それはやはり、生活の基盤があるところで選挙権を行使する。それだけの話じゃないですか。

——やはり、住んでいるということが基盤である、と。

福田　いや、それが基本で全国統一されているのであったらそれでやる。全部の人について昼間働きに行くというなら、それで決めてもいいですけどね。でも、そういうことをやっている国はあまりないんじゃないですか。やはり、選挙権というのは権利であると、義務であると同時に権利であって、権利というのは法律的な権利ですから、法律的な基盤によって立つところがなければばいけないわけです。

千代田区は皇居があるし、中央政府の機関がいっぱいあるが、一般市民の住む場所は比較的少ない。基盤としては重要だから議員を一人出せるとか何とか、そういう説もあるでしょう。

でも、そもそも比較するのがおかしい例かも知れませんが、富士山が世界遺産になったって、それで選挙権を与えるわけではない。選挙というのは、民主主義というのは多数決で選ぶということから、すべてが始まっているわけなので、住んでいる人がいなけりゃダメです。自然遺産を守るというのは、別に人が住んでいなくても守ろうと周りの人がそう思うからそうなる。だから、そこに住んでいなくてもそこに投票権を与える、一人でも投票権を与えるべきだという話と全然次元が違う。そういうことです。

自然を守るとか環境を守るというのはとっても大事なんです。でも、それは、自然の中に、あるいはその近くに人が住んでいる、その自然を守ることが大事であるという人が周りにいるから守るんです。その二つがいつの間にか混じっている。

そして、一旦当選すると当選した人は議員であり続けたい。なんか余禄があるんですかね。だってそうじゃなかったら、どうして子どもや秘書だった人たちが、あんなに出るのでしょう。私は、相続税的なものは、そういうところにもかけていいんじゃないか、何かそういうことは考えられないかと思っています。

――また違う角度の質問です。当選者として扱われる地位確認訴訟という問題です。全国最少の票で当選した人がいる反面、その得票よりも多く票を得たのに比例復活できず落選した人がいます。そうした場合、その人が提訴したら、いいんじゃないかと先生は提案されていますが。

福田　その裁判の場合、一審の地裁からですからね。今の選挙訴訟は高裁からでしょう。地裁からやっていると大抵、次の選挙まで間に合わない。だから、それをやっている人はいないと思います。問題提起として書いたものです。

――ただし、制度としてはできそうだから、やっていったらどうかというお考えは今も変わりませんか。

福田　はい。でも、時間かかるので、そういうことをやる人は現実にはいないですよ。

――日本には馴染みにくい制度かもしれないですけど、ドイツの「超過議席」の制度については、どういうふうに評価されていますか。

福田　基本的に比例制の選挙であるが、ある程度、得票数があると、当選者として扱われるという制度だったと思いますが、違いますか。定数を超えるわけです。

――日本でも、そういうのは……。

福田　うん、やったらね、きっと国会議員の経費がかかるとか、いろいろ反対があるでしょうね。でも、定員で予算を決めておいて、それを超える議員が出てきたら、頭割りで歳費を減らす方法もあるでしょう。車も共用、事務所も共用。そうすると、みんな必死になって合わせるでしょうね。

——なるほど。では、この制度を導入したうえで、そういうようにお金の面で問題があるというんだったら、工夫すればいい、と。

福田　そうそう。そういう考えもあっていいと思います。

在外選挙権事件

——在外選挙権事件についてですが、大法廷の審議の様子は？

福田　平成一七年（二〇〇五年）九月一四日に在外日本国民の選挙権に関する事件の大法廷判決が出ました。私は、判決言渡しの時は退官していましたが、審議・弁論には裁判官として参加しました。したがって、判決書には私も裁判官として名前をつらねています。

この事件の審議では、上告人らに対して一人当たりの損害賠償をいくらにするのかということでいろいろ議論がありました。具体的には、上告人らに対し各五〇〇〇円および遅延損害金の支払いを命じた。あれは、いろいろな考え方がありました。「支払わせるからには五万円」とかね、「支払わせることが大事なのだから額は一円でもいいじゃないか」とか、いろんな意見が出たんです。ここら辺になると感覚ですね。そもそも、お金を支払えと命じる判決を出すというのは非常に変わっています。

――先生のお考えとしては？

福田　私は、理論的には一円でもいいと思っていました。

――先生は、そこをわざわざ個別意見（補足意見）で説明されています。裁判所が金銭賠償を命じることはどうなのかという内容です[8]。

福田　そうです。それでは飽き足りない人が個別意見を書いたわけです。私は、むしろ補足意見で「多数意見に反対した人が二人いる。もうやめたらどうだ」というようなことを言いました。

この二人の裁判官は、本当に現代の民主主義のことを分かっていないのではないかと思った。どうしてかというと、海外にいる人だって日本人は、最後には日本国というものを頼って生きているんです。最後に守ってくれるのは、今の世界では主権国家の本国なんです。そこの選挙には当然参加する権利があることを認めなければなりません。

小法廷から大法廷へ

――在外選挙権事件は非常に重要な最高裁判決だと思います。これは最初、第二小法廷で、先生が主任だったんですか。

福田　主任だったかどうか忘れたけども、主任だったかもしれません。忘れちゃった。第二小法廷ですよね。

――この事件では、調査官との間で、かなり、いろいろなやりとりがあったということが朝日新書（山口進・宮地ゆう『最高裁の暗闘』朝日新聞出版、二〇一一年）ではいろいろと出てくるんですが。

福田　あったのかもしれない。あったんでしょうけど、忘れちゃったなぁ。

――杉原則彦さんが調査官でした。

福田　そうそう。彼は優秀な調査官だった。今は東京高裁の部総括でしょう。彼は、明らかに私より能力ある一人です。

――柔軟性があったということですか。

（8）平成一七年九月一四日最高裁大法廷判決の裁判官福田博の補足意見「在外国民の選挙権が剥奪され、又は制限されている場合に、それが違憲であることが明らかであるとしても、国家賠償を認めることは適当でないという泉裁判官の意見は、一面においてもっともな内容を含んでおり、共感を覚えるところも多い。特に、代表民主制を基本とする民主主義国家においては、国民の選挙権は国民主権の中で最も中核を成す権利であり、いやしくも国が賠償金さえ払えば、国会及び国会議員は国民の選挙権を剥奪又は制限し続けることができるといった誤解を抱くといったような事態になることは絶対に回避すべきであるという私の考えからすれば、選挙権の剥奪又は制限は本来的には金銭賠償になじまない点があることには同感である。」

福田　人の言うことをすぐ理解する。そして的確なコメントをする。あれはすごいね。

――あの判決は、最初からもう大法廷に回すと……。

福田　はい。大法廷回付はかなり早い段階からもう決まっていました。

――大法廷での評議では、最初、かなり割れたんですか。

福田　いやいや、横尾和子さん（一九四一年～。厚生省老人保健福祉局長、社会保険庁長官などを経て、二〇〇一年から〇八年まで最高裁判事）と、上田豊三さん（一九三七年～。東京地裁判事、最高裁首席調査官、大阪高裁長官などを経て、二〇〇二年から〇七年まで最高裁判所判事）の二人が反対したんだな。それ以外は、みんないい、と。

いわゆる定数訴訟も、先例がなければ圧倒的に多数の裁判官が違憲だと言うと思います。いわゆる先例の積み重ねがあるから、それからどうやって脱却しようかと、もがく。もがけないから、しょうがないという人も出てくる。

――先例の呪縛みたいな。

福田　そうです。そこは最終的にはそれぞれの裁判官の良心に従って判断すべきことなんです。

――事案は違うのですけれど、泉徳治・元最高裁判事が最高裁調査官時代に関わっておられた、在宅投票事件についてです。担架などに乗っていかないと投票に行けないという事件がありましたが、それとの関係ではそんなにもめなかったんですか。

福田　全然もめませんでした。そもそも記憶にない。だって、泉さんが調査官というのははるか昔でしょ。とにかく民主主義国の選挙は多数決で決める。

主権国家が併存している中にあって、民主主義国家のほうが戦争しない。民主主義国家同士は戦争しないということが歴史的にはほぼ証明されている。

ただ、本当に民主主義国家かどうか。これは別です。北朝鮮だって民主主義国家だと言っています。日本は国家承認していないから「北朝鮮」と呼んでいるけど、彼らが国連に登録している国名は「朝鮮民主主義人民共和国」です。だけど、誰も民主的な国とは思っていません。名前には、デモクラティック、民主主義を使いたがる国はいっぱいあるけど、さすが中国は「中華人民共和国」と、民主主義は入っていない。よく分かっているんですよ。

――では、この件は、福田裁判官と調査官との阿吽の呼吸でいい形で進んだっていう、リードしていったという感じでもないんですか。

福田　そんな話でもないと思います。リード云々は、最高裁では本来通用しない考え方だと思いますね。皆それぞれ独立ですから。とにかく、先例拘束の重みがかからないところでは、裁判官の良心がきちんと発動される程度の民主主義国家ではあります。

定数訴訟においても、今までの「最大較差理論」という最高裁の理論構成の元を修正して、きちんと、「乖離理論」でどこまで投票価値の不平等を直せるかという話がそろそろ出てきて、この問題を決着つけるところに早くいかないといけません。なぜかというと、国民に飽きが来る。これは危険なことなんです。

民主主義というのは、手間もかかるし、金もかかるし、かつ、一番の効率的な制度でもありませんしね。他方、長い目で見ると進路は間違いない、そういう制度です。選挙結果がジグザグでも、まあ、正しい方向に向かって進んでいく。そういうのを、いわゆる「最大較差理論」を続けていて直さないと、国民に嫌気がさす。それは危険です。

民主主義というのは、日本ではそんなに長い歴史があるわけではない。七〇年です。それも自分で勝ち取ったわけではない。そういう意味では未熟です。アメリカの違憲審査権は司法にある。しかし、それは憲法に書いてあるわけではなく、判例で確立している。きちんとあれだけ定着している。日本は、憲法八一条できちんと書いているけど、基本である「投票価値の平等」も守られていない。それは、日本の民主主義の弱さです。本当に平和国家であり続けるためには、基本をきちんと守っていかなければならない。

今、国会でいろんな議論が行われているけど、集団的自衛権についての議論というのは、私は長年、不毛な議論だと思っています。

戦争はしないというのは憲法九条にはっきり書いてある。一九二八年の不戦条約で戦争は違法であると決めたにもかかわらず、守らなかったので最高法規である憲法で禁止した。でも、それは自衛権とは別です。集団的自衛権について行われている議論と同じことは、個別的な自衛権でも言えるんです。要するに、戦争は禁止。個別的自衛権でも集団的自衛権でも戦争を正当化することはできない。自衛権は当然あるが、自分で自衛権と言えば何でも正当化できるものではない。第三者が客観的に認めるものでなければなりません。国内法で決闘を禁止しても正当防衛や緊急避難は許されることと、ちょっと似たところがあります。いずれにしても、せいぜい国会で自由に議論したらよい。集団的自衛権は憲法に反するからできないと、内閣法制局長官が「自分が最高裁である」みたいなことを言っていたのは本当におかしい。それで、国会での議論を封じ込めようとしている。冷戦時代はそれで済んでいたかもしれないですけど、その後はそんな話ではないというふうに私は思っています。繰り返しになりますが、国会で議論するのは大いに結構なことです。法律を作るなら作ればいい。でも、集団的自衛権自体は憲法問題ではありません。憲法で決めているのは、戦争はしないということです。

第五章　最高裁の機構

調査官制度

――調査官の話ですが、先ほど話に出た調査官以外の方で、印象深い調査官の方はいませんか。

福田　明らかに私よりよくできるという人はいました。

――どういうような点でよくできる？

福田　すべての点です。学識の深さ、頭の柔軟性などすべてです。ただ、まだ働いている人ですから、名前は言いません、私が何か言って悪影響になると困りますからね。

――お名前は別として、何かエピソードみたいなのはどうでしょうか。

福田　エピソードですか。そういう人についてのエピソードはありません。

――そうですか。お手堅くお仕事されてという感じ？

福田　手堅いというか、明らかにこの人は私より能力が上だなと感じました。

――それは判決文の手を入れたり……。

福田　いや、話をすれば分かるんです。あっという間に能力が分かります。あくまでも、私が最高裁に在職した期間に限っての話ですが、調査官のうち、五パーセントから一割は私よりも能力がある。それを含めて三割が調査官として非常に優秀です。あとの五割くらいはまあ普通だね。残りの二割のうち……この二割は、ずっと法律屋をやっていなかった私でもやっていけるかなと思います。そのうちの五パーセントくらい、これは明らかに私のほうがよくできるだろうと思います。この人たちが調査官になっているのは間違いじゃないかと思います。

――三つの調査官室によって違いが……。大体、そういう感じの構成ですね。

福田　それは関係ない。全体で、です。

――どこが多いとかいうことは特にないんですか。

福田　全然ありません。

――個々の調査官ではなく、調査官制度自体の良い点と悪い点というのはどうですか。

福田　今みたいに三つの小法廷があって、裁判体として独立を保ちながら、お互いに異なった方向へいかないようにする役割を調査官室が事実上していると思います。そういう意味では、すべての事件を単体で扱うアメリカみたいな制度ではない限り、調査官室は有用だと思います。

――小法廷の整合を保つという……。

福田　小法廷が変な意見になると、こういう意見もあるんじゃないですか、というような形でフィードバックがあると、確かにそういう議論もあるなと思う。そうすると、その点についてはどうなっているのか、というふうに調べて、資料を出してくれる。こちらのほうがいいか、なんていうのがお互い行われるわけで、しかし、どうしようもなくなると、「事実上の連合審査」みたいなのをやる時もないわけではありません。そうすると、長官はいないけども、他の人々は集まって議論するというようなこともありました。

――各小法廷から、代表の方が出られて。

福田　代表というのは、理論的にはそうなんですが、必ずしもうまくいかない。裁判官は一人ずつ独立だから、みんな出てきてしまう時があります。

――そうなんですか。では、一四人の裁判官が集まる。

福田　そうです。一五人マイナス長官という感じです。「事実上の大法廷審議」みたいになる。

――そこには調査官は来ないんですか。

福田　調査官は、いたりいなかったりです。

――そういう審議は、どれぐらいの頻度で?

福田　きわめてまれです。私が経験したのは三回ぐらいです。

――一〇年で三回。ということは三年に一回ほどしかない。

福田　そうです。あとは、調査官室というものが存在していることによって、そういうことは現実的にはほとんどないです。

――定数訴訟などは「事実上の大法廷審議」をやればいいような気がしますが、なかなかそういう機会には恵まれなかったんですか。

福田　それはありません。定数訴訟も最初は小法廷にかかるので、小法廷の者が「これは大法廷ものだね」と言うとそうなる。

――大法廷に回付するのは長官が決める？

福田　いやいや。どこかの小法廷が「そうしたい」と言えば、受け入れ審議というのをやるんです。受け入れるかどうかを審議する。

――それは大法廷で受けるかどうか、一五人全員が集まって。

福田　そうです。だけど受け入れないということはないと思いますね。小法廷がそう言ったら、そうなるんです。

――理由が立ったとしても、受け入れないという結論はありえないということですか。

福田　ないと思います。だから、受け入れ審議というのは、「受け入れる」審議なんです。

――事前に、小法廷から長官に打診するとか……。

福田　大法廷の受け入れ審議に長官は関係ない。大法廷の審議では長官は裁判長ではありますが、裁判官としてはワン・オブ・ゼム、大勢の中のひとりです。長官というのは、式典などに出ないといけないし、いろいろあるので忙しいけども、裁判体の裁判官としては、全くワン・オブ・ゼムなんです。

──首席裁判官みたいな?

福田　首席裁判官でもない。

──審議において議長はされるんですか。

福田　議長はします。少なくとも私が在任中は、そうでした。

──単に、司会みたいな、司会進行役にすぎないってことですか。

福田　あとは自分の意見はこうですと。

──一五分の一の存在?

福田　そうです。

──小法廷から大法廷に回付する時には、事前に長官の内諾を得ているかと……。

福田　長官の内諾といったものは関係ない。全く関係ない。

──大法廷回付ということになり、事務方に「大法廷受け入れ審議を開くように」と申請したら、大法廷受け入れ審議が開かれる。そういう流れですか。

福田　そうです。だから、全く民主的だし平等です。

事件は、自動的に第一小法廷、第二小法廷、第三小法廷というように、機械的に配点されます。回ってきた事件を見て、「これは大法廷だと思います」と大法廷に回付する。大法廷審議が実際に始まると、「最初に受け付けた小法廷の各裁判官方はどういうご意見ですか」とまず聞かれるわけです。だから、順番にズーッといくというよりは、受け付けた小法廷の裁判官たちが最初に意見を言って、あとはズーッと意見を言っていきます。

——最初の小法廷の各裁判官が意見を言う順というのは、主任の……。

福田　そうです。事件の主任、担当が機械的に決まっています。その人が言うと、次は大体、着任順です。

——二小（第二小法廷）だったら裁判官は四人ですが、通常は五人で、終わられたら次は全体の中の、他の小法廷で最も着任の早い裁判官が意見を言う？

福田　いや、小法廷ごとではなくて、大法廷は、まさに着任順で座っています。資料を読んできていますから、「自分はこういう意見です」と言う。そうすると最後に、横で聞いている首席調査官が「今のご発言を整理すると、こういうラインで多数意見を構成するという票数に達しています」と、あるいは「達していません」と言います。

——なるほど。

福田　達していたら、「じゃあ、それで原案を書いてみてくれ」ということです。

――側聞した話ですが、大法廷審議がいくつか、あるいは大阪空港騒音訴訟みたいな大きい事件がかかっていると、小法廷のほうで事実上の「遠慮」といいますか、大法廷にあまり回さないほうがいいんじゃないかと抑制する傾向もあると？

福田　物理的な忙しさの限度ということですかね。つまり、たとえば新聞は、どれだけ大ニュースがあっても紙面の大きさで制限される。国会の予算委員会の審議も時間で制限される。それと同じですよ。大法廷に回そうと思うけれども、今かかっている事件がある。ひと月ぐらい待っとこうか、というようなこともあるでしょう。でも、そういうことは滅多にありません。

――滅多にない？

福田　ええ、大法廷そのものは通常は、わりに暇なはずですからね。

――そうですか。重大案件だとその分、審議に時間がかかりますが……。

福田　ええ、もちろんかかります。大法廷は、多数意見を作っていくのは結構、時間がかかりますよ。やっぱり、審議に四、五回はかかる。

最高裁判所の機構図

- 最高裁判所
  - 裁判部門
    - 大法廷
    - 第一小法廷
    - 第二小法廷
    - 第三小法廷
  - 司法行政部門
    - 事務総局
    - 司法研修所
    - 裁判所職員総合研究所
    - 最高裁判所図書館

＊大法廷は第一～第三小法廷（各5名）の判事（計15名）で構成される。

最高裁判所ウェブページ（http://www.courts.go.jp/saikosai/about/sosiki/）の図を基に作成。

――大法廷は週に一回？

福田　一回、水曜日です。審議に一か月は最低かかります。

――その後、調査官のほうで、それを練っていくっていう作業が……。

福田　いやいや、そういうのは並行してやります。

――そうですか。上告を受理し、審理が開始されてから判決まで時間かかっているように見えますが。

福田　最初に資料を集めて、一五人に印刷して配るだけで結構、時間がかかります。大体、上告すると、まず高等裁判所から最高裁判所に書類が送られますが、それを高裁で整理するだけで一か月ぐらいかかると思います。「上告します」ということだけ先に来ているけれども、書類が着くのに一か月半ぐらいかかる。それを最高裁で整理して、報告書を作るだけでまた一か月かかるわけです。

――なるほど。ちょっと戻るんですけど、先ほど先生がいらっしゃった一〇年間で二、三件とおっしゃっていた「事実上の大法廷審議」は、たとえば、どういう事件の時でしたか。

福田　これは言っちゃいけないんでしょうね。裁判体の独立と密接に関係しますから。裁判体の独立を損ねることはしてはいけないし、本当は事実上の大法廷なんかやっているのはあってはならないんですよ。だから、特定のこの事件についてやりましたということは言うべきではない。

――先ほど調査官制度の良い点を指摘していただきましたが、反対に、よろしくない点は？

福田　よろしくない点は、さっきの調査官のように、裁判官の立場になって自分だったらこういう反対意見を書くとか、こういう肯定意見を書くとかということをしない連中がいたということです。過去の判例にとらわれてしまって、それ以上、思考しない。民主主義体制の中の司法の役割も考えない。生半可に優秀な人に多いです。本当に優秀な人の中にはそういう者はいません。

――特定の人ではなく、調査官制度として改善すべき点はどうでしょうか。

福田　調査官制度として改善すべき点は、今はあまり思いつきません。小法廷がいくつかあって大法廷があるという二重構造のもとでは、今のような制度は仕方がない。ただ、願わくば、個別の裁判官の意見を加味してその人の意見を代弁して書いてくれるような人はもうちょっといてもいいのではないか、と思います。たとえば、全体の中でそのほかに裁判官に一人ずつ係をつけるとかです。

――調査官は、事件に対してつくだけで、人に対してはつかないんですね。

福田　つきません。

――多数意見の方は別として、個別意見を持たれている方については、特定の調査官をつける。

福田　ということは必ず平等じゃなきゃいけない。

――全員に一人ずつつける。

福田　こういうことは将来、検討するかもしれない。しかし、それは大法廷のあり方、裁判官の人数などと密接に絡む。だから簡単には言えない。

最高裁事務総局

――先生は、行政官出身なので最高裁の事務総局にはもともと関わりがなかったかもしれませんが、判事を一〇年間もされていると、いろんな形で関わりもできたかなと思うんですが。

福田　ええ、大分わかるようになったと思います。でも、もう退官後そろそろ一〇年たちますからね。

――事務総局は建物のどこに？

福田　西のほうです。お堀から反対のほうです。

――何階のフロア全部というふうに？

福田　家庭局は二階とか。局によって分かれている。事務総局は全国を見ています。

――先生が主に関わられていたのはどういう局ですか。

福田　どこが関わったということでは事務総長とか秘書課長とかです。「会同」をやると事務総局がずいぶんいろいろ出てきて、この一年間の判例はどうのこうのですと資料をくれたりする。これは大変やっぱり役に立ちます。

――事務総局に対して、当然そういうのは必要だという側面と、ちょっと改善したほうがいいんじゃないかという点が、もしありましたら教えていただければ。

福田　事務総局ですか。彼らは彼らで一生懸命やっているんじゃないですか。事務総局の、たとえば刑事局あるいは行政局と、調査官室の行政事件を担当している調査官とが同じ意見かと思ったら大間違いです。全然別ものですから。違う時はあります。

――職業裁判官出身ではない、行政官出身の最高裁裁判官をされた先生だからこそ見える、事務総局をもっとよくするにはどうしたらいいのかというような、ご意見は？

福田　少ない人数でよくやっていると思います。私の知っていた事務総局は八五〇人ほどでしょう。全国に、一〇〇の家庭裁判所、地方裁判所があって、かつ、高等裁判所がある。そういうのをみんなまとめて、事務をやり、広報をやり、夜遅くまで働いて……。

――なるほど。基本的には今のままで一生懸命やり続けたらよいと。

福田　それ以上のことは知らないけども、よくやっているんじゃないですか。最高裁だって、非常に高い単価で建てられた裁判官棟に対して、事務総局は普通の官庁と同じで安普請です。外壁もすべて御影石のように見えますが、御影石というのは切る時に粉がいっぱい出る。それをすり潰して、糊でつけているだけのところもあります（笑）。

――それは間違いないですか。

福田　間違いない。最高裁の西側の門のところに見に行って見てごらんなさい。明らかに分かります。

裁判所の機構改革

――裁判所の機構改革について、先生のお考えは？

福田　裁判は本来、高裁レベルで決着させ、特に重要な問題だけ最高裁がピックアップして決めるほうが能率的である、と考えたことがあります。本当はそうあるべきだと今でも思っています。ただ、高裁によって、能力にばらつきがある。理論的には、高裁レベルで決めて最高裁がピックアップして、というのが正しいと思っていますが、現実にそれをやると、変な高裁判決が最高裁に上がらないという弊害がある。高裁の水準が全部いいというわけではありませんから。ちなみに、これは一般論で、今はどうかは知りません。

私が最高裁にいた時、明らかにある特定の高裁――どこかは申し上げませんが――、その能力、裁判官の質が落ちた。だから、回ってくる事件の三分の一くらいが「破棄」です。破棄というのは、「差戻し」とか「自判」とか、原審の判決がなっていないということです。

五月に憲法週間というのがあって、地方裁判所の視察に行くんです。私は、ある高裁に行った。そして、その高裁長官と話をした時に、「この高裁から上がってくる上告事件は破棄しなければならないものが多い。その理由を教えてください」と尋ねた。長官は、「不徳のいたすところです」と答えられました。長官は実際に裁判をするわけではないので、そんなことをおっしゃるのはお気の毒と思いました。

その後、長官所長会同という会議が東京であった。私は端のほうに座っていました。普通は、地裁所長とか家裁所長とかがしゃべり、高裁長官は通常は黙って聞いているのですが、最後に二〇分くらい時間があって、当時の長官が「今まで発言されていない高裁長官、何かご意見ないでしょうか」と呼びかけた。

すると、私が視察した、問題の高裁の長官が「ぜひお話したい」と手を挙げた。「この間の憲法週間に、福田裁判官がお見えになった」と切り出した。私は、なんで突然、自分の名前が呼ばれるんだろうと、本当にびっくりして小さくなっていた。その高裁長官は、「福田裁判官が来て言われたことが、どうしてこの高裁から上がってくる上告事件は破棄しなければならないものが多いのか、その理由を教えてくださいということでした」と述べた上で、「自分は返答に窮した」と言った。そして、厳しい顔になって、「もっといい裁判官を配属してください」と最高裁長官に向かって言ったんです。

――結局はそこになるわけですね。

福田　その時、本当にシーンとして、最高裁長官、事務総長が何か言って、それで、終わった。

それからは、そうした裁判官を私の視察した高裁に集めていたのを止めたそうです。

――そのように現場が均質化していけば、先生の危惧は……。

福田　そう。私はそうあるべきだと思う。だって、最高裁は、年間一つの小法廷で一六〇〇件。私の時は一六八〇件だったけど、今二〇〇〇件ぐらいあるわけでしょう。異常ですよ。

――アメリカ連邦最高裁のように、裁量で受け付けるという司法システムがいいと？

福田　はい。だから上告受理制度というのができて、あれで大体はねているんです。でも実は、みな一応審議している。不受理にすることを決める時もそうですから、すごい良心的なんです。だから忙しい。

――事件の書類というのは一回に、どれぐらいのものが？

福田　事件によります。厚さ二〇センチぐらいの時もあるし、四つの棚があるロッカーキャビネ二個全部にギッシリといった時もありました。とにかくめちゃめちゃな量の時がある。自分の部屋に持って来られるのではとても読み切れないから、その時は書記官室に書類が置いてあって、こちらから書記官室に行って読みます。書記官室の部屋の隅に椅子が一つあって、ロッカーに書類がびっちり入っていて、そこに座って片っ端から読むんです。

――いかに速読の先生でも、それに目を通すのは、ものすごく大変。

福田　そう、二日ぐらいかかりますが、目を通します。

――裁判官室に書類はどなたが運び込んでくるんですか。

福田　朝、書記官が台車で持ってきます。大きな台車です。それに二つぐらい持ってきます。

――書記官が書棚の空いているところに入れていくわけですか。

福田　いやいや、そのまま置いて行きます。書類はすぐ抜き出せるんです。

――では、裁判官が自分で入れるわけですか。

福田　いや、それは、別途、毎日来るのがあるんです。

――書類を入れたり作業するのは、書記官室の方がされるんですか。

福田　いや、それは裁判官が自分でやります。だけども、台車で来る書類は、棚に入れるほどではないからそのまま読まなきゃいけない。

――その状態で、抜き出しては、見て戻す？

福田　それか、主任裁判官で全部読まないといけない場合は本来棚に入れなきゃいけないけども、多すぎてとてもじゃないけど裁判官室に持って来れないときは、裁判官が書記官室に置いておいて、集めたものを見ます。

――では、ほどほどのものが裁判官室の書棚にあるっていう感じ？

福田　ちょっと読まなきゃいけないものは、コピーをとって置いておく。

――それを入れるのも裁判官がやるのですか。

福田　そうです。とにかく、どこに何があるか分からなきゃ話にならないですからね。

――でも、その整理もたいへんですね。

福田　いやいや、そうでもありません。まぁ、辞めてホッとしてもう一〇年経ってみんな忘れちゃいました（笑）。

憲法裁判所

――憲法裁判所については、どうお考えですか。

福田　定数訴訟であんまり較差論だけ言っているので、憲法裁判所を作ったら、新たな憲法裁判所は先例がないから民主主義の体制にとって良い判決も出るんじゃないかと、一時期そう言ったんですが、この頃は、最高裁も一生懸命やっていますから強い意見はありません。

それから、最高裁判所と憲法裁判所の二つを作ると悪いこともあります。競合するから、何もかも、そうですね。ドイツでは、非常にそこの仕分けをうまくしてやっているけど、そういうところはそれでいいんです。憲法裁判所をどういうふうに作るかというのは、ある程度、慎重でいいんでしょうね。私は、ある時期、憲法裁判所を別に作ったりだのと、言いかけたこともあるんです。けれど、それは較差論で、なんでも国会の広い裁量とか言って自分たちは責任を放棄しているのではないか、事実上、憲法八一条を行使していない――そういうことを言ったことがありています。

ます。たしか、『書斎の窓』に書かれた佐藤幸治さん（憲法学者。京大名誉教授）の文章を引用し

──最高裁裁判官の人数をもっと増やして、四五人とかにして、「二階建て方式に」という意見もありますが、それについて、なにかご見解は？

福田　それは反対です。そういうことをやるんだったら、高裁のレベルをそろえたほうがいいと思います。高裁でおしまい、あとは最高裁がピックアップして、やると。

──高裁の機能を重視した上で、最高裁が……。

福田　そうです、そうです。戦前の大審院みたいな話ではないですかね。大審院は憲法裁判所機能がない時にだけ機能するものです。大法院とか、破棄院とか、大審院とかこういうのはみんな人数を多くするというのはどういうことかというと、憲法判断機能はないということです。憲法判断機能は最高裁に残す以上、人数もそんなに多くてはいけません。

憲法セミナー

福田　私の最高裁判事一〇年の間で、影響があった一つは、イェール・ロースクールで開かれたコンスティチューショナル・セミナー（憲法セミナー）です。

これは、一九九六年ぐらいから毎年開かれていたんですが、一九九八年に突然、私に招待状が

1998年９月以降、計６回出席したイェール・ロースクールの憲法セミナー（写真は1998年出席者）。後から２列目右端が福田裁判官、その隣はスティーヴ・ブライヤー米国最高裁判事（2015年現在も現職）

来た。それ以来、退官するまで六回行った。もう一回あるはずでしたが、二〇〇一年は例の九・一一事件の直後でしたので、急遽中止になりました。

憲法セミナーは、毎年九月の半ばぐらいに一週間の予定で開かれます。最初は五泊六日でやっていましたが、忙しいので一日減らしてもらって四泊五日になりました。一つホテルに缶詰になって、ロースクールの会議室、あるいは、イェール大学のキャンパスの部屋を使って、その時その時の憲法問題を議論しました。

私が辞めた後、日本からは招待されていないようです。アメリカ、イギリス——イギリスには成文憲法はないけど、人権について蓄積がすごいですから——、フランス、ドイツ、日本、それからインド、イスラエル。とにかく向こうの招待ですから、誰を招待するかどうかは向こうが決めるんですね。

憲法セミナーでは、激しい議論になります。大体、一〇か国ぐらいの憲法裁判所か最高裁判所の裁判官が集まり、イェール・ロースクールの憲法学の教授もみんな入って、その時その時の最新の憲法問題をディスカッションするわけです。全部オフレコで、外には絶対に出ない。だから自由に喋れる。それはそれは非常に有用でしたね。

——日本からは先生だけですか。

福田　私だけでした。私以降は招待されていないと思います。最高裁判所判事でないと話にならないし、英語ができなきゃいけない。英語ができても、招待されるとは限らない。私は、二〇〇五年八月に退官したんですが、九月のセミナーにはまだ呼ばれて行った。でも、その時、「私も退官したから今度が最後ですよ」と言った。

——若い頃、アメリカに行かれていたってことが影響している。

福田　関係ありません。全く関係ない。私が「イェール・ロースクール出身です」と言ったら多くの人がびっくりしていました。向こうが参加者を勝手に選んで、いきなり招待状が来る。今でも延々と続いているようで、非常に成果が出ていると聞いています。

——特にどういう点で？

福田　常に新しい憲法問題が話題になります。一般論ですが、ある憲法問題がどっかで出てくると、四、五年のうちには他の国でも、それが憲法問題になって出てくる、という特徴があります。

ですから先取りして、勉強しているみたいなもので、おもしろいですよ。だって分厚い参考書類が事前に出てきますから。事前にそれを見ます。

招待されて私は喜んで行きました。知的に楽しかったですね。いろいろな国の判決などにも影響が及ぶと思います。

例をひくと、今、アメリカでは「同性婚」というのがあって、このごろはイギリスなどでも出てきました。コンチネンタル・ユーロップ（大陸欧州）では、「同性のパートナーシップ」あるいは「異性のパートナーシップ」がある。つまり、結婚を前提としないパートナーシップはあるけども、同性婚の話としてはコンチネンタル・ユーロップは出て来方が遅い。実は、一九五一年か二年にパリの地方裁判所である判決が出た。その事件は、エールフランスの従業員が訴えたんです。「優秀な従業員は家族とともに二年に一回、その会社の飛行機でどこにでもバカンスに行っていい。その家族付きで費用出してあげるから」と言うので、「家族」とはなんだということが問題になりました。

――なるほど。

福田　エールフランスは当然、「配偶者とその子どもら」と考えた。同棲している人は入らない。同棲を認めるとしても異性でないといけない。しかし、優秀な業績に貢献した「家族」というなら、別に、法的に結婚していることと限定する必要はないのではないか、という裁判がパリの地方裁判所で行われた。

その地方裁判所の判決が四〇年後ぐらいに甚大な影響を及ぼすんです。それは、アメリカとかアングロサクソンでは「同性婚」の問題になって進化するし、フランスでは「パートナー」の権利が認められるかという問題になって発展する。結婚するというのはどういう意味で、日本なんかでは区役所に届けると結婚したということになる。ところが、昔のアングロサクソンでは、教会の前に貼り出されて、「これとこれは結婚する。異議があるものは申し出よ」と一か月間さらされて、オーケーになると教会で牧師が式をした。それで認められるというやり方です。いわゆるキリスト教的な要素も入っています。

だけども、一つの判決が、片方では「同性婚」の問題で、憲法問題としてある。もう一つは「パートナーシップ」の問題としてあがってくる。そして、それが年金とか、子どもの扶養とかについて差別する正当性があるのかどうかという問題になって違った形で現れる。

そういうのは、その憲法セミナーで習いました。なるほど、面白いもんだと。一種、問題の先取りですね。

――それはかなり具体的だけれども、一般的な問題になりそうなケースを取り上げて、ディスカッションする？

福田　そうです。その時その時、毎年あるんですね。

福田裁判官退官記念写真（2005年７月20日）。退官は８月１日限り

最高裁大法廷裁判官控え室にて（2005年８月１日）。背後に在外選挙権事件弁論（７月13日）の裁判官座席配置表が掲示されたままになっている（判決言渡しは、退官後の2005年９月14日）

最高裁判事を定年退官

――最後に、退官のことを。

福田　二〇〇五年八月一日限りで定年退官です。自分で申し出て退官される方もたまにいます。

――辞職するということですね。

福田　そう。私は定年退官です。

――「限り」という表現が必要なんですか。

福田　八月一日午後一一時五九分までです。一二時になると、ピーンと八月二日になるから。定年法、いわゆる定年に関する法律で、定年になっちゃいました。

――翌年の三月に、西村ときわ法律事務所（現・西村あさひ法律事務所）に顧問弁護士として入られた。

福田　まあ、いつまでそれをやるか分かりません。今年、八〇歳になりますから。

――退官後は？

福田　八か月間は休憩していました。

――公邸も引き揚げられて、荷物は全部、ご自宅に入れられたんですか。

福田　そう全部。一つの部屋をつぶして、そこを全部物置きにしました。

――弁護士法六条(1)にもとづき、弁護士になる手続を取られた？

福田　退官した翌日の八月二日にさっさと手続しました。

――どんな手続ですか。

福田　いろんな書類を出して、それから呼び出されて宣誓させられます。

――書類を出す相手は。

福田　所属弁護士会。第一東京弁護士会です。

――宣誓もするんですね。

福田　「最高裁判事なんて来るのは珍しいから宣誓しろ」と言われました。他の弁護士さんも何人かいましたよ。

――六条にもとづいて弁護士になられた方は、先生だけですか。

福田　いや、その前に、私の前任の中島敏次郎さんも、この弁護士法六条で弁護士になられています。もう、お亡くなりになったけど。

――他の行政官の方で、そういう例というのは。

福田　ええ、あんまりいないでしょうね。最高裁判事を辞めてそうなるわけですから、限定されます。司法試験を通っていて研修所に行った人もいる。

――学生時代に司法試験に受かっていたが、官僚になられたという方ですね。

福田　あのころ外交官試験は、大体、司法試験と同じ日にやっていたんです。結果として、そうなっていた。私は、これは分けたほうがいいんじゃないか、せっかくの国家試験なんだから、と言ったことがあります。受けるチャンスを与えるということです。

――西村ときわ法律事務所に入られるのは、お誘いがあったとか？

福田　いやいや、退官後半年ほど経って私は、やはり大手事務所に入りたいと思いまして。最高裁にいる時の最高裁判事たちに相談したら、「西村ときわがいい」と。で、面接をされまして、具体的には昼飯をごちそうになりました（笑）。

――その時、希望される旨を言われた。

福田　いや、それは事前にきちんとされていて、手を打つだけでした。でも、入ってから私、金銭的にはあまり役に立っていないんです。内容は言えませんが、相談ごとや手伝うことはたくさんあります。しかし、事務所の収入にはほとんど貢献していません。

――ご謙遜を。事件を受任とかは？

福田　しません。だって、私の事務所には弁護士が五〇〇人もいますからね。有能な人もたくさんいます。

――その後、国際的な活動として、オランダのハーグにある国際刑事裁判所（ＩＣＣ）の裁判官

（1）　弁護士法第六条「最高裁判所の裁判官の職に在つた者は、第四条の規定にかかわらず、弁護士となる資格を有する。」

2012年春、台湾・台北市を観光で訪問した際の福田夫妻

指名諮問委員会の委員に。

福田　そうです。今、世界で七人います。具体的には、裁判官候補者に面接して、評価報告書を書くのが任務です。三年前にできた制度です。

——あと、ＩＣＳＩＤ（投資紛争解決国際センター）の仲裁人です。

福田　世界銀行の付属機関でね、名前も登録されていて、頼まれれば国と企業の間の争いの仲裁に行くんですが、まぁ、頼まれることはないでしょう。しかし、日本で四人しかいません。

——世界では何人ぐらいいらっしゃるんですか。

福田　いろんな国から四人ずつです。

——国際刑事裁判所の裁判官候補の面接は、年に一回とかそういう感じですか。

福田　この二年半の間には四回ありました。たとえば、昨秋のニューヨークは大変でした。国連本部の会議室を使って一七か国の一七人を面接しました。二〇一三年は一人一時間半ずつやったんですが、大変なので、二〇一四年は一人一時間にしました。

――今でも、世界を飛び回られている。

福田　飛び回っているというか、ハーグに行ったりニューヨークに行ったりですね。

――今でも成田、羽田からどんどん海外へ。

福田　年に数回ですかね。

――インタビューは以上です。ありがとうございました。(2)

---

(2)　インタビューのあと、二〇一五年六月二九日にアメリカ連邦最高裁の判決（アリゾナ選挙区割り独立委員会対アリゾナ州議会事件）があった。この判決について、福田博氏は補足インタビューにおいて以下のように述べた。

福田　アメリカ連邦最高裁の二〇一五年六月二九日判決は、投票価値の不平等問題（一九六〇年代半ばの判決で解決済み）と並んで、代表民主制を歪めてきているが司法がこれまで手を出してこなかった「ゲリマンダリング」について、司法が国民主権の立場から立法府の役割制限を認めた画期的な判決であると思います。代表民主制が本来の機能を発揮する上で、その判決理由は重要な役割を果たすと思われ、長期的には、我が国での中立的かつ公平な選挙区割り策定に当たって、大いに参考になると思います。

解説　福田博・元最高裁裁判官の意見について

伊藤　真

一　はじめに

福田博裁判官が判事として最高裁判所に在籍したのは、一九九五年（平成七年）九月から二〇〇五年（平成一七年）八月までである。裁判所ホームページの「裁判例情報」（http://www.courts.go.jp/app/hanrei_jp/search1）を使って、その在職期間中に、「選挙無効訴訟」関連事件で憲法判断を行った裁判を見ると、福田裁判官は、以下の判決において意見を示されている（「追加反対意見」は「反対意見」を述べることを含む）。

平成八年九月一一日大法廷判決（判示事項：公職選挙法一四条、別表第二の参議院（選挙区選出）議員の議員定数配分規定の合憲性）…追加反対意見

平成一〇年九月二日大法廷判決（判示事項：公職選挙法一四条、別表第三の参議院（選挙区選出）議員の議員定数配分規定の合憲性等）…追加反対意見

平成一一年一月二二日第二小法廷判決（判示事項：東京都議会議員の定数並びに選挙区及び各選挙区における議員の数に関する条例の議員定数配分規定の適法性等）…反対意見

平成一一年一一月一〇日大法廷判決（判示事項：衆議院議員選挙区画定審議会設置法三条の衆議院小選挙区選出議員の選挙区割りの基準を定める規定及び公職選挙法一三条一項、別表第一の右区割りを定める規定の合憲性）…反対意見

平成一一年一一月一〇日大法廷判決（判示事項：公職選挙法が衆議院議員選挙につき採用している小選挙区制の合憲性等）…反対意見

平成一二年四月二一日第二小法廷判決（判示事項：千葉県議会議員の選挙区等に関する条例の議員定数配分規定の適法性等）…反対意見

平成一二年九月六日大法廷判決（判示事項：公職選挙法一四条、別表第三の参議院（選挙区選出）議員の議員定数配分規定の合憲性）…追加反対意見

平成一六年一月一四日大法廷判決（判示事項：公職選挙法一四条、別表第三の参議院（選挙区選出）議員の議員定数配分規定の合憲性）…追加反対意見

このように福田裁判官の意見のほとんどは反対意見、追加反対意見であり、追々見るように、後の裁判に強い影響を及ぼすものが数多く見られる。本稿は、衆議院および参議院の選挙無効訴訟における福田裁判官の意見を紹介しながら、その意義、価値、先見性などについて論評を試み

るものである。

二　平成八年九月一一日大法廷判決(1)［平成六（行ツ）五九号］（文中「平成八年判決」と略）

投票価値の最大較差が六・五九倍であった平成四年参院選が、法の下の平等を定めた憲法一四条一項に違反するかが争われた事件である。

1　判決で、多数意見は、投票価値の平等が憲法一四条一項で要求されるが、公正かつ効果的な代表を実現するための合理的裁量行使（四三条）であれば投票価値の平等が損なわれてもやむを得ないとしつつ、平成四年の参院選当時、選挙人数による選挙区間の最大較差は一対六・五九であり、投票価値の平等に関して到底看過することができないと認められる程度の著しい不平等状態が生じていた、としながら、不平等状態に達してから本件選挙までの間に国会が是正措置を講じなかったことは立法裁量の限界を超えない、とした。

2　福田裁判官は、大野、高橋、尾崎、河合、遠藤各裁判官とともに反対意見を示したほか、別途追加反対意見も示している。

（1）反対意見は、投票価値の平等は数値的に完全に同一であることまでは要求されず、参議院

（1）民集　第五〇巻八号二二一八三頁。

の選挙制度について独特の要素をもたせるために政策的目的を考慮できるとしつつ、投票価値の平等は極めて重要な基準なので、選挙制度の決定に当たって考慮される他の諸要素と並列して論じられるべきではなく、十分尊重されるべきものとする。そのうえで本件選挙は、①最大較差六・五九倍という大きさ、②付加配分区が人口比例からかけ離れていること、③逆転現象[2]に照らし、違憲状態にあるとし、国会は、昭和五〇年代半ばから平成四年までの一二年間、それを放置してきた点で、その間、最高裁が合憲判断をしてきたとしても、裁量行使の合理的期間を超え、違法とし、ただ、平成六年に配分規定が法改正されているので、事情判決[3]とするとした。

(2) 追加反対意見において福田裁判官は以下のように指摘する。

① 「民主制に基づく政治システム」は、立法府が民主的に選出されること、すなわち、選挙に当たって選挙人が平等な選挙権をもつことを基本にしている。定数較差の存在は住所による差別であり、そのような差別は民主的政治システムとは相いれない。

② 世界では第二院を連邦制、身分制に基づく選挙制度を採用している国もある。しかし、わが国の憲法にはそうした定めがなく、四三条は衆参に等しく適用され、「参議院に独自性を持たせようとする種々の試みも、選挙人の投票権の平等という基本原則を遵守することが前提となる。」

③　差別や特権を、合理的な限界を超えて許すと、民主制に基づく政治システムの柔軟性を硬直化させ、民主主義の利点を損ねる。

※　論評

福田裁判官によれば、この追加反対意見を通じて、自身の「基本的考え方を簡潔に補足」したとされている。この裁判は、福田裁判官が最高裁に入った翌年に関係した事件であり、また最初の定数訴訟でもあった。そのため、以後の意見に比べると、先生の言葉をお借りすれば「ものすごく遠慮した」簡潔なものとなっている。しかしそこには、選挙制度に関する福田裁判官の原点となる基本的考え方が示されていることに注目したい。以後の判決における福田意見はこの原点から展開されており、ぶれることのない強固に一貫した姿勢を見ることができる。

投票価値の平等について、多数意見が、合理的裁量行使によって「損なわれてもやむを得ない」としたのに対し、反対意見は、他の諸要素と並列にできない重要性をもつとした。福田裁

（2）　逆転現象とは、選挙区定数配分規定において、人口の大きい選挙区が、小さい選挙区より配分議席数が少なくなる現象である。

（3）　事情判決とは、行政事件訴訟法三一条の定める事情判決（処分は違法であっても、それを取り消すことが公共の福祉に適合しないと認められるとき、違法を宣言して請求を棄却する判決で、公選法二一九条は準用を認めていない）の法理を「一般的な法の基本原則にもとづくもの」と解して適用し、選挙を無効とせず違法の宣言にとどめる判決である（芦部信喜『憲法（第六版）』岩波書店、二〇一五年、一四三頁）。

判官は、より進んで「民主制に基づく政治システムが平等な選挙権をもつことを基本にしていること」を指摘しながら、投票価値の不平等を「住所による差別」と手厳しく評価する。

この「民主制の政治システムが平等選挙を基本にしている」ことこそが、福田裁判官の原点となる「基本的考え方」である。後に意見として明らかにされるところの、厳格な人口比例原則を求めること、平等を損ねる裁量行使は国会に認められないこと、そのような国会の対応には積極的に違憲立法審査権を行使するのが現代の司法の役割であることは、その原点からの論理的な帰結と言える。

多数意見は、参議院に事実上都道府県代表的な意義・機能を正面から認めるのに対して、反対意見は、「政策的目的を考慮できる」とし、その限りで参議院の独自性を認める。これに対して福田裁判官は、参議院の独自性を認めることに慎重な姿勢を見せる。表現上、正面から独自性を否定しているわけではないが、先に指摘した「民主制に基づく政治システム」からすれば、人口比例を崩す要因になる独自性は否定するほかない、とするのが真意であったと思われる。

三　平成一〇年九月二日大法廷判決(4)［平成九（行ツ）一〇四号］（文中「平成一〇年判決」と略）

平成六年の配分規定改正後に施行された、最大較差を四・七九倍とする平成七年参院選が、法の下の平等を定めた憲法一四条一項に違反するかが争われた事件である。

1　判決で、多数意見は、平成八年判決と同じ判断枠組みのもと、平成六年改正により選挙人基準で最大較差は四・九九倍となり、それが選挙時には四・九七倍だったことなどから、投票価値の平等に関して到底看過することができないと認められる程度の著しい不平等状態にはないとした。

2　福田裁判官は、尾崎、河合、遠藤、元原各裁判官とともに反対意見に加わるとともに、尾崎裁判官とともに追加反対意見を示している。

(1)　多数意見が、都道府県代表的要素を加味した参議院の独自性を認めて投票価値の平等を緩和するのに対し、反対意見は、憲法が認める「独自性」は、両院の権限、任期等の差の限りであって、都道府県代表的要素は憲法上にその地位がない以上、平等よりも劣位の意義・重みしかないとした。その上で、選挙制度当初の昭和二二年時に比べ、通信、交通、報道の進歩による地域間の相違の減少、地域事情・住民世論の把握の容易化に照らし、その要素を加味する必要性・合理性は縮小した一方で、この間の激しい人口移動による人口の偏在化で不平等が拡大したことを指摘し、本件配分規定は違憲とし、事情判決によって選挙は無効としないとした。

(2)　追加反対意見において福田裁判官は、尾崎裁判官とともに、「以下の所をも考慮すれば、

(4)　民集　第五二巻六号一三七三頁。

その違憲性は一層明白である」として、国会の裁量権、現行制度の不平等の原因、本件改正の違憲性を詳細に論じる。

① 投票価値の平等と国会の裁量権

まず、投票価値の平等を破るような裁量は国会に認められないことを指摘する。

国会が国権の最高機関であるのは、全国民が平等の選挙権を行使し、自由かつ公正な選挙によって選ばれた議員で構成される点で、全国民の意思の体現者と言えるからである。だからこそ、憲法は国会に立法上「広範な裁量権」を与えて行政、司法を制約できる地位を与えている。したがって、立法裁量を行使して選挙制度を作る際にも、「原則として、投票価値の平等を阻害するものを許容する裁量権を憲法は国会に与えていない。例外的に右の裁量権を認めなければならない場合があるとしても、実務処理上生ずることの不可避な較差のほかは、合理的で必要と明白に立証されたものに限らなければならない。国会が最高機関であり続けるには、平等原則を可能な限り貫徹し、選挙区間の較差を一対一に近づけるため、誠実な努力を尽くすべきである。」

つぎに、今日の社会一般の平等観念に照らして、投票価値の不平等がどこまで許されるかを判断するために、米国、英国、ドイツ、フランスの較差事情を紹介する。なお、平成一六年判決における追加反対意見でも米国、ドイツ、イタリアなどの較差事情が補完されている。

本稿では、一六年判決で示された海外事情を含めてここでまとめておく。

たとえば米国では、一九六二年に定数配分の平等問題を裁判所が判断できる判決[5]が示されて以来、一九八三年には、わが国の最大較差に換算して一・〇一倍の較差を違憲とする例も現れた。現在では連邦議会について、一〇年ごとの国勢調査により最大較差一・〇四倍なら当然に是正される。ちなみに、上院は各州代表者を同数としているが、これは憲法にそのような定めをもつからであり、二院制の上院であることから当然に平等の程度に差を付けてよいことにはならない。

英国では、一九九五年登録有権者数に基づいて、一選挙区当たり平均有権者数を英国全体の平均有権者数と比較すると、イングランド一・〇四倍、北アイルランド〇・九八倍に対して、ウェールズ〇・八三倍、スコットランド〇・八三倍となった。そして後二者は過剰代表であると問題視されているという。

ドイツでは、連邦議会下院選出小選挙区につき、二〇〇二年から最大較差一・三五倍が限

（5）ベーカー対カー事件（Baker v. Carr, 369 U.S. 186（1962））判決。一九〇一年以来全く変更が加えられずに放置されていたテネシー州議会下院選挙区画再編に対して、法の平等な保護を規定した合衆国憲法修正第一四条により、連邦最高裁は司法判断を行うことができると明言したもの（梅田久枝「アメリカの選挙区画再編に関する立法動向―選挙過程からの政治の排除―」『外国の立法』二三六、二〇〇八年、一六四頁）。

度とされている。

イタリアでは、それまでの完全比例代表制に代わり、上下院ともに小選挙区から七五パーセント、比例区から二五パーセントが選出されることとなった（一九九三年改正）。ただそれにより、小選挙区で下院につき一・二二倍、上院につき一・五倍の最大較差が生じ、問題とされた。これに対しては、乖離の大きい小選挙区の有権者に、比例代表議員の選挙権を与えない等の補正措置をとることにより対策が講じられている。

以上に対して日本における投票価値の不平等は圧倒的であり、今日の社会一般の平等観念に合致するものではなく、一対一に近づけるために区割り変更をちゅうちょすべきではない。

※ ①の論評

福田裁判官の追加少数意見に、尾崎裁判官が同調して書かれた意見である。

福田裁判官の原点となる、民主政治のシステムにおける平等選挙の重要性を強調する立場から、第一に、国会は投票価値の平等に反する選挙制度を作る裁量はないことを明示した。選挙制度の選択に関する立法裁量と投票価値の平等の優劣については、憲法が立法裁量の上位にあり、これをコントロールするという「憲法優位型思考」と、立法裁量が憲法上の価値の上位にあるとする「立法裁量優位型思考」があるとされるが[6]、福田裁判官は、前者の立場から、平等は憲法が定めたものであるから、それに従って「選挙制度」を決めていく必要があり、制度を作る一要素として平等を考慮する多数意見の立場は不当とされた。もともと、四七条は立法府に広範な裁量を与える趣旨ではないことに留意すべきである。(7)

第二に、較差を可能な限り一対一に近づけるべきことを明示した。そして、これらのルールは、衆参いずれの選挙制度にも差がなく適用されるべきとする。このような見解は、「従前の参議院のみならず衆議院の定数訴訟に関する最高裁判決の個別意見においても類例をみないもの」と評されている。(8) 厳格な人口比例の基準が、全国民の代表機関にして（四三条）国権の最高機関（四一条）である国会の地位から導かれることからの帰結である。

尾崎裁判官は、平成八年判決の追加反対意見において、「本来は、二倍を超える較差は許されるべきではない」としつつ、「代表の多面性や両議院の補完、修正機能の確保」等を考慮して「三倍台までの較差は許容せざるを得ないかもしれない」としていたところ、本判決では転

(6) 安西文雄「立法裁量論と参議院選挙区における投票価値の平等」『法学教室』一九六号、一九九七年、二八頁。
(7) 憲法四七条の趣旨は、選挙に関する事項が「すべて憲法上の原則に沿ったものでなければならないことを当然の前提にして、その具体化は命令・規則でなく法律によるべしという、法律主義の原則を示したところにある」（小林武「参議院議員定数不均衡と司法審査の方法（最判昭和六一・三・二七）」『南山法学』一〇巻四号、一九八七年、一五四頁）。
(8) 西川知一郎「最高裁判所判例解説」『法曹時報』五一巻一一号、二五三頁。

じて厳格な人口比例原則を支持する立場に与した。その要因は、一つには立法府の無策が続いたこともあるが、人口比例原則を徹底する福田裁判官の主張が影響を与えた面も否定できない。他の民主主義の主要国との比較検討によれば、較差はおおむね一・五倍以内に抑えられており、おおよそ衆議院で三倍、参議院で六倍までの較差を許容する日本の事情からは比較にならないほど厳格であることがわかる。福田裁判官の功績は、それまでの調査官室がこのような海外での較差事情を調査していなかったのを、外交官出身の経験を活かし、自ら調べあげて比較検討を行ったところにもある。

② 現行制度下の不平等の原因

多数意見は、最大較差四・八一倍を正当化する根拠として、憲法が二院制を採用し、三年ごと半数改選制を規定したこと、国会が都道府県単位に選挙区割りを定めたことを挙げる。福田裁判官はまず、三年ごとの半数改選制に関して、従来まで当然の制度と考えられてきた「各選挙区偶数制」と「最低二人配分制」に捉われず、あらゆる可能性を模索する。

そして、「奇数区」でも、その選挙区数が偶数個あれば、また「一人区」でもそれが二つあれば、各々、半数改選は可能であるし、それにより投票価値の不平等問題は大幅に改善するとする。たとえば後者につき、A区、B区が一人区である時、ある選挙でA区は改選、B区は非改選とし、次回選挙ではA区が非改選、B区が改選のように、選挙区から見れば六年に一度改選されるとしても、全体として半数改選になればよいとする。

※　②の論評

福田意見は、投票価値の平等を貫くために、選挙区に関する「タブー」を度外視してあらゆる制度を具体的に想定し、工夫してみる点に特徴がある。

それまでの学説では、「偶数定数制が半数改選制度から不可避的に導出されるものではない」との簡潔な指摘も存在した。(9) しかし、具体的に、裁判官が奇数区、一人区を取り上げてこれを支持したのはおそらくこれが初めてではないだろうか。そしてこの立場は、後の平成一二年判決における梶谷追加反対意見(10)に受け継がれていった。

このような試論は、その時々に必ずしも受け入れられるとは限らない。たとえば、平成一六年判決における補足意見一はその反論として、議員の選挙が三年に一度行われる選挙区との間に投票機会の平等の問題があること、合区や分区により住民意思を集約できなくなり、地方自治の本旨にかなわないこと、人口変動に併せて合区・分区を繰り返すと安定的に国会に民意を

(9)　小林、前掲、一五六頁。
(10)　梶谷裁判官は、「奇数区の合計を偶数とし全国規模で半数の議員を改選する仕組みを設定し、人口の少ない一部地域においては六年に一回選挙を行う手段を執ることも可能であるし、都道府県の区域を越えて選挙区割りを変更することや、いくつかの都道府県を併せて一選挙区とするいわゆるブロック制を採用することも可能である」とする。

反映させる機能を阻害することなどを指摘している。しかし、参議院の選挙制度について二〇一五年に政府自民党が行った制度改正は、一〇増一〇減二合区であった。そしてこの合区における候補者選定について自民党は、鳥取県と島根県、徳島県と高知県の各選挙区において、三年ごとに各県から交互に立候補者を擁立するとしている。これは機能的には一人区に近い制度運用である。もちろん、自民党主導の今改正は、合区の選挙区が少なすぎ、最大較差が二・九七四倍と一人一票にはほど遠いが、今後、合区を拡大することで投票価値の不平等状態が解消されていくとすれば、この福田意見がその原点となったということもできる。

③ 本件改正の違憲性

本件定数配分規定の違憲性を基礎づけるいくつかの点について言及する。特に、多数意見や原審が「最大較差」だけを取り上げる立場（「最大較差論」）の問題点を指摘している。本件改正によって、最大較差が人口比四・八一倍から四・七九倍に縮小したとしても、選挙区数では較差拡大区数三七、減少区数九であり、拡大傾向にある。四七区中わずか九区における縮小を取り上げて三七区における拡大を無視することはできない、とする。

※ ③の論評

最大較差論は、最もひどい差別を受けている人に焦点を当てる手法であり、確かにセンセーショナルな関心を集めるのには有益かもしれない。しかし、民主政治のシステムにおいて選挙権が「すべての人に」平等の価値をもつものとして保障されるべきだとする前提から言えば、大きくても小さくても、差別は差別である。とすれば、問題にすべきなのは、選挙区全体における較差である。福田裁判官は、ここで「基準人口」という指標を提案する。すなわち、全国の人口（または選挙人数）を議員総定数で除して得た数値を基準値として、この人口（「基準人口」）に一人の議員を割り当てるべきである、とし、較差を判断する時にも、基準人口からの乖離を選挙区ごとに判断すべきだとする（「平均からの乖離論」）。このような指摘は、それまで最大較差だけの話に収斂していた最高裁の判断に影響を与え、以後の最高裁はしばしば、最大較差に併せてそれ以外の選挙区における較差にも配慮するようになっていった（衆議院議員総選挙に関する最高裁判所大法廷判決平成二三年三月二三日や同平成二五年一一月二〇日など）。

四　平成一一年一一月一〇日大法廷判決[11]［平成一一（行ツ）七号、同三五号］（文中「平成一一年判決」と略）

一人別枠方式のもとで施行された平成八年衆院選は、投票価値の最大較差が二・三〇九倍であったが、この選挙が法の下の平等を定めた憲法一四条一項に違反するかが争われた事件である。

（11）民集　第五三巻八号一四四一頁。

1　判決で、多数意見は、昭和五一年大法廷判決[12]の基本的枠組みを示した上で、区画審設置法三条二項が一人別枠方式を定め、人口の少ない県に定数を多めに配分しているが、同時に同条は、選挙区間の人口較差が二倍未満になるように区割りをすることを基本とすべきことを定め、投票価値の平等にも十分な配慮をしていること、四三条は、選挙人の指図に拘束されないことを定めたもので、人口比例を基準とすることを定めたものではないことを指摘し、平成七年国勢調査に基づく最大較差二・三〇九倍は昭和五一年大法廷判決が示す基準の程度に達せず違憲ではないとした。

2　福田裁判官は、河合、遠藤、本原、梶谷四裁判官による反対意見とは別立てで反対意見を示している。

(1)　四裁判官の反対意見は、投票価値の較差が二倍に達すれば憲法上不平等と判断すべきだから、最大較差二・三〇九倍、二倍超の選挙区が六〇に及んだ本件は違憲状態にあるとする。その際、較差の原因は一人別枠方式にあるとし、それが国会の裁量権行使として合理性があるかどうかにつき、①通信、交通、報道の手段が著しく進歩、発展したこと、②それが居住地域を異にすることに基づく差別にあたること、③過疎地対策はそれとして取り組むべき課題であり、投票価値の平等を侵害してよいものでないこと、④参議院ならば、改選期に改選を実施しない選挙区が生じることを避けるために都道府県選挙区とすることにそれなりに合理性があるが、衆議院にはそれがないことを挙げ、合理性はないとする。なお、本件の違憲状態は、法制定・改正後の人口移動等を原因とするものではなく、一人別枠方式の法制定当初からあったのだから、是正のための合理的期間も問題にならないとしている。ただ、選挙自体は無効としない事情判決をすべきだとする。

(2) 福田裁判官の反対意見は、四裁判官の反対意見に共感するところが多いとしつつ、投票価値の平等は極めて厳格に貫徹されるべきだとして以下のように述べる。

① 投票価値の平等は、二倍を大幅に下回る水準に限定されるべきであり、事務処理上生ずることが不可避な較差など、明白に合理的であることが立証されたごく一部の例外が極めて限定的に許されるにすぎない。他国の投票価値の平等は厳格であり、今日では、二倍の較差は到底適法とは認められず、可能な限り一対一に近接しなければならないとするのが、文明社会における常識になっている。

② 区画審設置法・公選法は、最大較差を二倍以上にならない基本方針、および一人別枠方式を定める。しかし、前者につき「二倍以上にならない」だけでは質的に不十分だし、後者の一人別枠方式については以下の理由で正当ではない。

---

(12) 最高裁判所大法廷判決昭和五一年四月一四日　民集　第三〇巻三号二二三頁。

（a）「過疎への配慮」をするなら有権者数に見合った選挙区の統合または議員総定数を増加すべき。これは統治機構のスリム化の要請には反するが、それよりも平等原則の重要性を優先すべきである。

（b）都道府県を連邦制下の州とみて現選挙区維持を平等に優先させる考えは、憲法に明文がない以上とりえない。

（c）地方議会は地方自治のもつ特性から平等原則が緩やかに適用されうるとしても、それは憲法が全国民を代表する国権の最高機関だとする国会にはあてはまらない。

③　本件選挙には、憲法に違反する定数配分規定に基づいて施行された瑕疵があるが、判決の種類は事情判決による。

※　論評

福田裁判官の原点である「民主制に基づく政治システム」論からすれば、投票価値の較差が二倍に達することを基準とする四裁判官の反対意見には与し得なかったことが、「あえて別途反対意見を述べることとした」主な要因と推測できる。区画審設置法が、最大較差が二倍を超えないことを基本とすると定めながら、一人別枠方式を定めたことについて、多数意見は二倍を超えない規定を評価して一人別枠方式を合憲としたのに対して、反対意見は二倍を超えない規定を評価しつつ、一人別枠方式を違憲とした。以上に対して、福田反対意見は、一人別枠方式はもちろん、二倍を超えないことを基本とすること自体が不十分だとする。

福田裁判官は、一人別枠方式の根拠への批判として、定数増の可能性、連邦制、地方議会に言及する。ただ、最大の理由は、やはりその原点である民主制に基づく政治のシステム論にある。一人別枠方式が、人口数（有権者数）に関係なく各都道府県にまず一人を割り当てる、という点で、人口比例原則と投票価値の平等を無視しているからである。

福田裁判官の反対意見は、年を追うごとに過激になっていくように見える。四裁判官のものとはあえて別の反対意見とし、批判する表現も手厳しく、論拠も多岐にわたる。しかしその原点は、平成八年判決で示された民主政治のシステムにおける平等選挙の重要性を論理的に展開したものであり、骨格の論旨は終始一貫している。

五　平成一二年九月六日大法廷判決[13]［平成一一（行ツ）二四一号］（文中「平成一二年判決」と略）

投票価値の最大較差が四・九八倍であった平成一〇年参院選が法の下の平等を定めた憲法一四条一項に違反するかが争われた事件である。

1　判決で、多数意見は次のように判示する。平成一〇年判決は、最大較差が、人口基準で四・

(13)　民集　第五四巻七号一九九七頁。

七九倍、選挙人数基準で四・九七倍の参院選を違憲としていない。本件は、平成六年の配分規定改正により最大四・九九倍となったが、同七年の国勢調査時にはそれが四・七九倍に縮小し、選挙当時においては選挙人数基準で最大四・九八倍であった。そして①参院選の選挙制度のもとでは投票価値の平等は一定の譲歩を免れないこと、②較差の是正には政策的または技術的考慮要素があること、③参議院には国民の利害や意見を安定的に国会に反映させる機能があることに照らすと、この程度では立法裁量権の限界を超えるものではない。

2　福田裁判官は、河合、遠藤、本原、梶谷各裁判官とともに反対意見に加わるとともに、追加反対意見も示している。

(1)　五裁判官の反対意見は、平成一〇年判決に示された反対意見とほぼ同じく、都道府県代表的要素は憲法上にその地位がない以上、平等よりも劣位であること、通信、交通、報道の進歩による地域間の相違の減少、地域事情・住民世論の把握の容易化に照らし、その要素を加味する必要性・合理性は縮小した一方で、この間の激しい人口移動による人口の偏在化で不平等の拡大したことを指摘し、本件配分規定は違憲とし、事情判決によって選挙は無効としないとした。

(2)　福田裁判官の追加反対意見は、裁量論への考察を手掛かりに、最高裁判所の違憲審査権のあり方を述べている。

①　裁量の幅について

裁量権行使の適法性を審査する場合には、その裁量権者がその行為を行った目的ないし理由やこれに関する諸事情が具体的に問われなければならない（内容審査）。有権者に平等な機会を与えないことを国会の「広範な裁量権」をもって正当化するのは、結局のところ裁量の論理をもって内容審査を十分にしないで合憲判断を行うことに等しい。これでは、司法が違憲立法審査権を付与されながらも、定数訴訟のように民主主義政治の根幹をなす問題の合憲性を判断するに当たって、立法府の決定をほぼ自動的に追認する機関と化し、「広範な裁量権」というブラック・ボックスに逃げ込んでいるとの批判を避けることはできない。

※　①の論評

国会の立法裁量については、平成一〇年判決の福田追加反対意見において「投票価値の平等と国会の裁量権」として示されていた。すなわちその立場は「立法裁量優位型思考」ではなく「憲法優位型思考」をとらねばならないとするものである。本反対意見ではそれを司法の違憲立法審査権の行使の面から改めて指摘するものである。

標準的な憲法の解釈では、裁量の濫用・逸脱に当たらない限り、行政行為の自由裁量行為に司法権は及ばないとされ、立法裁量もこれに準じると考えられている。ただ、行政裁量問題に踏み込むかどうかは裁判所の判断次第と言われており[14]、そうだとすると、裁判所が「広範な裁量権」をもって立法府の決定を追認することは、まさにブラック・ボックスに逃げ込んでいるとの批判を免れないだろう。

② 司法に憲法判断の権限が与えられていることについて

司法が法令の合憲性を審査する際、「過疎への配慮」のような参議院議員選挙法の制定に際して国会が考慮していない目的や理由を考慮することはできない。そのような政策的判断は選挙で選ばれた立法府のみに委ねられ、選挙で選ばれていない裁判所が第二の国会のごとく機能することは憲法の認めるところではない。司法が、法令について合憲か否かを判断する権限を与えられているのは、立法府が政策的配慮によって策定する法律が時として憲法に合致していない可能性があるため、それを判定する機構として司法制度を利用するのが有用だからである。

※ ②の論評

政策的判断を行うについて、民主政の過程を経ていない司法にその基盤がないのは確かである。ただ、そうして司法が自信を持てないからこそ、多数意見は、過疎への配慮という政策的判断について「立法府の決定を追認」してしまっている面もあるように思われる。二重の基準論[15]における積極目的規制がそうであるように。裁判所が「ブラック・ボックス」に逃げ込まず、憲法の規範力を維持する役割を果たす必要がある点には筆者も全く賛成である。ただ、これを実現する論理は、次の二点のように思われる。第一に、投票箱と民主制の過程において、精神的自由権と同様に重要な人権である選挙権には政策的制約が認められないこと、第二に、立法事実論[16]として、過疎への配慮は、制定時の立法事実として考慮されておらず、また現時点でもそのような配慮が過疎地のすべてにおいて行き届いているわけでもない点で、立法事実に欠けることである。

③　判例変更の必要性、今日における違憲審査のあり方について

「過疎への配慮」をするなら有権者数に見合った選挙区の統合または議員総定数を増加すべき。これは統治機構のスリム化の要請には反するが、平等原則の重要性に比すれば質的に大きく劣後する。

確かに先例は尊重されるべきだが、（a）投票価値の平等は重要問題であること、（b）憲

(14)　伊藤正己『新版　憲法』（弘文堂、一九九〇年、五五四頁）は、「自由裁量の範囲内にあるか否かの判断は、裁判所がなすものであり、この司法権の限界は、裁判所自身によって決められるといってよい」とする。

(15)　精神的自由は立憲民主制の政治過程にとって不可欠の権利であるから、それは経済的自由に比べて優越的地位を占めるとし、しがたって、人権を規制する法律の違憲審査にあたって、経済的自由の規制立法に関して適用される「合理性」の基準は、精神的自由の規制立法については妥当せず、より厳格な基準によって審査されなければならないとする理論（芦部、前掲、一〇四頁）。

(16)　「立法事実」とは、立法的判断の基礎となっている事実であり、法律の「合理性を裏付け支える社会的・経済的・文化的な事実」をいう（芦部、前掲、三八三頁）。

法施行後五三年、基本的人権理念の明確化がめざましいこと、(c) 国会が投票価値の平等のために行った是正が不十分であること、(d) 違憲審査権を持つ司法が長年立法府に対して極めて寛容な態度だったことに照らし、定数訴訟の最高裁判決を明示的に変更する時期に来ている。

冷戦時代のように内外の安定を重視すべき時代は終わった。国会は平等の徹底に消極的であり、行政は乏しい影響力しか持たない以上、最高裁が示す判断のみが国民の投票価値の平等を実現しうる道である。

※ ③の論評

判例変更に極めて慎重な態度をとる最高裁判所の裁判官は少なくない。しかし、福田裁判官は、冷戦前の判例を頑なに守る必要はないことを指摘し、時代に即応した裁判をなすべきだとする。最近の最高裁が、旧い立法事実に拘泥せず、社会の変化や国民の意識の変化をふまえて、時代に即した判決を示すようになりつつあるのも、福田裁判官の影響が少なからずあるように思われる。たとえば、最高裁は、非嫡出子相続分差別に関する平成七年大法廷判決[17]後、一二、一五、一六、二一年と合憲判決を続けてきた。しかし、このような差別は明治時代に制定された民法の残滓であり、戦後は家族のかたちや意識が多様化してきた。また海外でも一九六〇年代から相続差別廃止が進んでおり、このような差別を設ける先進主要国は日本のみと言われる。

国連の人権委員会からも早期の改正を勧告する意見が出されていた。このような情勢の変化に対応し、最高裁はついに、平成二五年九月四日大法廷判決において、非嫡出子の相続分を嫡出子と同等とする判断を裁判官の全員一致で示したのである。少数意見が後の判決に影響を与えることはしばしばみられるところ、非嫡出子相続分差別に関する平成一五年の合憲判決でも、定数訴訟で福田裁判官と立場を同じくすることになる泉徳治裁判官が、民主制の下における司法による救済に言及しつつ、反対意見を示していたことが注目される[18]。

福田裁判官の功績の一つは、このように、変化に対応しながら歴史に即応した判決を示すようになった今日の最高裁の態度に先鞭を付けたことにもある。前述した主要民主主義国との投票較差の比較という世界を見る視点と相まって、時間と空間の両面において視野を広げ、最高裁の判断枠組みを変える役割を果たしたと言っても過言ではないだろう。

六　平成一六年一月一四日大法廷判決[19]［平成一五（行ツ）二四号］（文中「平成一六年判決」と略）

平成一二年公選法改正に基づいて施行された平成一三年参院選は、投票価値の最大較差が五・

（17）最高裁判所大法廷判決平成七年七月五日　民集四九巻七号一七八九頁。
（18）最高裁判所第一小法廷判決平成一五年三月三一日判時一八二〇号六二頁。同判決における泉裁判官の少数意見につき、注（22）参照。

○六倍であったが、本件改正が法の下の平等を定めた憲法一四条一項に違反しないかが争われた事件である。

1　判決で、多数意見は、本件改正は、国会に委ねた立法裁量権の限界を超えるものではないので、憲法一四条一項には違反しないとした。ただ、多数意見も立場が二つに割れ、従来の最高裁の立場を踏襲した従来型の補足意見一と、安易な合憲判断に疑問を呈する厳格型の補足意見二に分かれた。後者は従来の判例法理を否定するのみならず、結論的にもあと一歩で違憲とするものとなった。[20] 立法裁量に厳格な枠をはめる四裁判官の補足意見二に反対意見の裁判官六人を加えると、少なくとも「広範な立法裁量」を認めてきた従来型の判例を実質的には変更したものという位置づけをもつ。

(1)　町田、金谷、北側、上田、島田各裁判官による補足意見一は、本件改正当時の人口に比例して定数を再配分してみても、最大較差は四・八一倍と較差は拡大するから、現行制度のもとで較差を是正することは容易でなく、投票価値の不平等は違憲状態にないとした。また、平成一二年判決で示された反対意見に応える形で、都道府県選挙区が果たしてきた意義・機能は「地方自治の本旨」にかなうようにすることであり、これは憲法上の要素であること、偶数配分制は、一人区で六年に一度しか選挙が行われず、投票機会の不平等が生じることなどを指摘する。

（2）亀山、横尾、藤田、甲斐中各裁判官による補足意見二は、立法裁量の行使には、憲法の趣旨に沿って適切に行使すべき義務も伴うところ、国会は人口変動等に全く配慮してこなかった点において、立法裁量権が適正に行使されてきたとは評価できないとし、偶数配分制を維持したまま較差の是正をするならば、都道府県選挙区制の変更は自明であると指摘する。ただ、今回の選挙に先立って行われた公選法の改正が、不平等是正に向けての一歩であることは間違いないから、直ちに違憲とはしないとした。

2　福田裁判官は、梶谷、深澤、濱田、滝井、泉各裁判官とともに反対意見に加わるとともに、追加反対意見も示している。

（1）反対意見は、最大較差一：五・〇六の配分規定は選挙権平等の原則に大きく違背し、憲法に違反するので本件選挙は違法であるとする。

（2）追加反対意見において福田裁判官は以下のように指摘する。

①　選挙区ごとの有効投票数と当落を比較すると、当選して議員になった人が一四七名であるのに対し、ある選挙区の当選者よりも多くの票を得たのに落選した人が一一三名いる。

---

(19)　民集　第五八巻一号五六頁。
(20)　常本照樹「判例批評　参議院における選挙区選出議員定数配分の合憲性」『民商法雑誌』一三一巻一号、二〇〇一年、一一九頁。

② 最大較差二倍までを合憲として許容する立場は正しくない。現代民主主義政治における投票価値の平等とはあくまでも一対一を基本とするもの。ある程度の較差を認める司法判断があると、国会にその例外を温存させる。

③ 立憲民主主義は、構成員の多数決を基本としながら、自由、平等を尊重する統治システムである。そのためには、有権者すべてが定期的な選挙を通じ、平等の立場で、多数決による選択を行える仕組みを維持確保することが不可欠となる。違憲審査に当たる司法部門は、この民主主義に基づく統治システムが、立法府または行政府によって歪められることのないように、憲法の規定に基づき、特に厳格なチェック機能を果たすことが常に求められる。

④ 判決の種類として無用の混乱を招かないように事情判決の法理[21]によるべきだが、次回一六年参院選以降、現行の選挙制度が基本的に維持された形で選挙が行われるならば、定数配分規定を違憲として選挙の無効を宣言すべきである。

※ 論評

本判決は、福田裁判官が関わった定数訴訟の最後の判決である。そこで、全体を総括する視点も含めて論評したい。

立憲民主主義が、多数決とともに、自由と平等を尊重する統治システムだとすることは、「民主制に基づく政治システム」（平成八年判決追加反対意見）と同趣旨だろう。本判決における泉裁判官の追加反対意見は、そこから強く影響を受けたものとなっている。[22]

福田裁判官が最高裁判事に就任して以来、人口比例原則に対して、全体として各裁判官の考え方は次第に厳しい態度を示すようになっていった。たとえば、参議院の定数不均衡（最大較差五・二六倍）に関する基本的枠組みを示した昭和五八年大法廷判決[23]では、反対意見は二人、うち違憲が一人、他の一人は、逆の立場から、憲法は投票価値の平等を要求するものではないとしていた。ところが、平成八年判決では、六・五九倍という較差の大きさもあり、合理的期間内に是正されていないとして違憲とすべきとする反対意見は六人であった。さらに平成一〇年判決では、五八年判決よりも小さな較差（四・九七倍）であったにもかかわらず、五人が違憲とする反対意見を述べ、うち尾崎・福田追加反対意見では一対一に近づけるべきとした。こ

(21) 事情判決の意義につき、注（3）参照。

(22) 泉裁判官によれば、司法審査の役割は、①「民主主義のシステムが正常に機能しているかどうか、国民の意思を正確に議会に届ける流れの中に障害物がないかどうかを審査し、システムの中の障害物を取り除くこと」（本判決）、②代表を得ることが困難な立場にある少数グループの救済を行うシステムとして機能すること（非嫡出子相続分差別の合憲性に関する最判平成一五年三月三一日の泉裁判官反対意見。判時一八二〇号六六頁）とされる。この理論は、John Hart Ely の Democracy and Distrust（民主主義と不信）の司法審査理論を彷彿とさせる（常本、前掲、一二三頁）ものとされる。同書は福田裁判官が最高裁就任前に読まれたものの一つである。

(23) 最高裁判所大法廷判決昭和五八年四月二七日 民集 第三七巻三号三四五頁。

うして最高裁の中では、その反対意見が、内容面でも裁判官の頭数の面でも、年々増えていった[24]。それは立法府の無策にも原因があろうが、福田裁判官が人口比例原則の徹底を最高裁で主張したことによる影響は少なくないと思われる。平成一〇年判決の尾崎裁判官、本判決の泉裁判官はその一例と言えるだろう。

判決の種類について、福田裁判官はこれまで終始、違憲と判断しつつ事情判決により選挙は有効とする立場をとってきた。本判決でも同様だが、ただ現行の選挙制度を変えずに選挙を行えば次は違憲無効判決をすべきと予告する。

確かに、事情判決により違憲宣言を繰り返しても、それは国会を拘束するものではない[25]。福田裁判官はそれを考慮し、次回選挙の無効を予告したのかもしれない。しかし、投票価値の不平等が民主主義の統治システムが立法府により歪められている場面に対して、司法は憲法の規定に基づき、特に厳格なチェック機能を果たすべきであることは、本意見において福田裁判官ご自身が指摘されるところである。そうだとすれば、判決の効力においても事情判決の法理を否定し、一歩踏み込んでほしいところであった。

この点、本判決の追加反対意見で、深澤裁判官が、無効判決が半数の非改選議員と比例代表選出議員の地位に影響を及ぼさない以上、不都合が生ずるとは考えられないとして、選挙無効判決をすべしとしているのが注目される。以後、最高裁の反対意見は、違憲判決の効力論を取り上げるものが増えていく。たとえば、平成二五年施行の参院選の効力が争われた最大判平成二六年一一月二六日判決では、鬼丸、山本各裁判官が、それぞれ選挙を無効としても障害がないことを指摘している。

七　結びに代えて

1　さいごに、升永英俊・久保利英明各弁護士とともに私たちが起こし続けている選挙訴訟に触れておきたい[26]。私たちが一人一票を実現するための裁判を起こし始めたのは、福田裁判官が最高裁を退任された四年後の二〇〇九年（平成二一年）のことである。選挙無効判決を得ることを通じて、最終的に一人一票の実現を目指すための裁判である。

本来、投票価値の平等を改善する責務は、第一次的には国会にある（憲法四七条）。ただ、不

(24)　木下英敏「投票価値の平等と参議院の特殊性」『レファレンス』一九九九年一〇月号、一九九九年、四八頁。

(25)　事情判決が、「国会の怠慢を直接規律するものではないので、違憲宣言のくり返しに終わる可能性もある」ことを指摘するものとして、芦部、前掲、一四三頁。

(26)　民主国家における投票価値の不平等に問題意識をもつ升永英俊弁護士が、久保利英明弁護士、伊藤真とともに、その不平等を是正する社会運動を行う組織である一人一票実現国民会議を立ち上げ、二〇〇九年からそれと並行して、全国で起こし始めた裁判である。

平等状態がここまで拡大した責任の一半は、立法府に過度に消極的な態度をとってきた最高裁にもある。そこで私たちは、訴訟において最高裁に司法本来の役割を果たさせるためにいくつかの工夫をした。「二倍の較差」ではなく「一人〇・五票」と表現したり、全国の裁判所で訴えを起こすことなどもそうだが、以下のものは、福田裁判官の考えを引き継ぐものである。

2　第一に、一人一票の問題を、平等論（人権論）ではなく、国家のガバナンス論（統治論）から主張した点である。

日本国憲法は、前文で、主権が国民に存すること、日本国民は、正当に選挙された国会における代表者を通じて行動すると定めている。ある選挙区に住む有権者の選挙権がほかの選挙区と比べて、二倍も三倍も強い政治力を及ぼす仕組みは、決して「正当な」選挙とは言えない。同じ選挙制度から選出された国会議員は、その議員の背後に同数の主権者が控えていて初めて、その国会の審議と議決にガバナンスとしての正統性が認められる。そのような国会こそが、「正当に選挙された国会」なのであり、そうでなければ、民主主義の根幹である多数決は機能しない。このように、実質的な一人一票、すなわち人口比例主義こそが民主主義の根幹だとするのが、私たちの主張するガバナンス（統治）論であった。

ところで、国会が国権の最高機関であって全国民の代表機関とされるのは、福田裁判官によれば、平等な選挙権を行使して自由で公正な選挙によって国会議員が選ばれるからであり、これが「民主制に基づく政治システム」の核心部分である。そうだとすると、これは私たちが主張してきたガバナンス論と極めて類似する主張と思われる。異なるのは、福田裁判官が平等選挙の法的根拠を法の下の平等（一四条一項）に求めるのに対して、私たちは、統治機構の根幹部分、すなわち主権者は国民であり（一条）、国会議員の多数決による議決（五六条二項）に正統性が付与されるためには、国会議員が「正当に選挙された」国会における代表者（前文）であることに求める点である。法の下の平等論は、相対的平等の保障であり、合理的区別を許すため、違いがあることを容認する解釈になりやすい。可能な限り人口比例原則を貫くには、法の下の平等論から徹頭徹尾ガバナンス論に転換すべきだと考えたのである。

3

第二に、この問題が「個人の尊重」（一三条前段）に関わることを明示した。

現状では、住む場所が違うだけで、〇・五票分の政治的な力しか認められていない人がいる。個人の尊重とは、人は誰もが異なった個性を持っていて皆違うとともに、誰もが個人としての尊厳を持つ点において皆同じであることと言い換えることができるが、政治的に「半人前」としか扱われないような選挙制度は、国民を尊厳ある個人として尊重することとはおよそ無縁のものであり、それは端的に、住所による差別というほかないのである。そしてこの主張は、福田裁判官が平成八年判決で示された「住所による差別」と同様に憲法の基本原理から導いたものである。

4　これまで私たちは、二〇一四年（平成二六年）一一月二六日の最高裁判所大法廷判決に至るまで、衆参各二つ、合わせて四つの違憲状態判決を得ることができた。もちろん、選挙区間の投票価値の較差が可能な限り一対一に近づいたわけではないし、合理的期間論に基づく違憲状態判決という手法自体が憲法上許されるものでないことから、一人一票の実現は、まだ道半ばでしかない。しかし、少なくとも数次に渡り違憲状態と指摘する最高裁の動きに立法府も、参議院選の一〇増一〇減二合区のように、極めて不十分ながら応えつつある。

私たちは選挙無効の訴えを起こし続けている。最大較差が二・一三倍だった二〇一四年（平成二六年）一二月一四日の衆議院議員総選挙を対象として、全国二九五の全小選挙区について起こしたものが（二〇一五年（平成二七年）一一月一〇日現在）係属中である。全選挙区で起こしたことには意味がある。一部の選挙区だけを訴えると、無効判決を出せばその一部の議員だけが失職することになるのは不適切だとして、事情判決の法理を用いる余地を残すからである。二九五全小選挙区の議員が失職したとしても比例区の議員は残るのであり、議院の定足数は足りる。何よりも衆議院が解散された場合（衆議院議員全員が失職する）よりもその影響力は小さい。故に無効判決を避ける理由は何もないのである。

私たちが関わった最初の違憲状態判決（二〇一一年（平成二三年）三月）から起算すれば、国会が選挙制度の抜本的改正を義務づけられてから五年にもなろうとしている。今回三度目を迎える衆院選の一人一票実現訴訟で、三度目の正直として違憲無効判決を示すべきである。[27] 福田裁判官が違憲無効判決を警告してからすでに一〇年が経過した。最高裁自体が憲法の要求する投票価値の平等の要請に反する状態と認めた選挙で選出された議員に国家権力を行使する正統性はない。一刻も早く最高裁が無効判決を出して、この理不尽を是正しなければならない。それが、福田先生のお考えになる「民主制に基づく政治システム」を日本で構築する唯一の方法であり、法の支配の具現者としての司法の職責だからである。

(27) 二〇一五年一一月二五日、最高裁大法廷は、本選挙における区割りを違憲状態と判示した。

参考文献

注に引用したものを除く。筆者が探した限りでは、福田意見を精密に分析したものは数少ない。

・新井誠「参議院議員選挙をめぐる二つの最高裁大法廷判決」法学セミナー五九四号六八頁（二〇〇四）
・井上典之「参議院（選挙区選出）議員定数不均衡訴訟大法廷判決」判例評論四五九号二二頁（一九九七）
・井上典之「判例批評　参議院選挙区選出議員の議員定数配分規定の合憲性」民商法雑誌一二四巻六号（二〇〇一）
・岩間昭道「参議院議員定数不均衡訴訟」法学教室二二二別冊判例セレクト九八　六頁（一九九九）

・岡田裕光「参議院議員定数不均衡と人口比例原則」法学ジャーナル七〇号四七頁（二〇〇一）
・岡本寛「公職選挙法一四条、別表第三の参議院（選挙区選出）議員の議員定数配分規定の合憲性」法学七三巻五号 一四五頁（二〇〇九）
・河島太朗「参議院定数訴訟における最高裁判例の最近の展開」レファレンス二〇〇八年一月号六五頁
・川神裕「最高裁判所判例解説」法曹時報五一巻二号二〇九頁（一九九九）
・姜光文「最高裁判所民事判例研究」法学協会雑誌一二三巻五号二五七頁（二〇〇六）
・小林武「公職選挙法一四条、別表第三の参議院（選挙区選出）議員の議員定数配分規定の合憲性」判例時報一六七〇号一八四頁（一九九九）
・高見勝利「参議院議員定数配分不均衡訴訟」ジュリスト一一五七号一八頁（一九九九）
・只野雅人「衆議院小選挙区定数配分の合憲性」法学セミナー五四二号一〇八頁（二〇〇〇）
・只野雅人「参議院議員定数配分規定の合憲性」法学セミナー五五二号一一四頁（二〇〇〇）
・只野雅人「参議院議員選挙区選挙定数不均衡訴訟」ジュリスト一二〇二号二〇頁（二〇〇一）
・辻村みよ子「参議院議員定数不均衡訴訟」法学教室二四六号別冊判例セレクト〇〇 六頁（二〇〇一）
・辻村みよ子「議員定数不均衡と参議院の特殊性」憲法判例百選Ⅱ第四版三四〇頁〜（二〇〇〇）
・西川知一郎「時の判例」ジュリスト一一四八号三二七頁（一九九九）
・西川知一郎「時の判例」ジュリスト一二一七号一〇八頁（二〇〇二）
・原田一明「参議院議員選挙制度と立法裁量」ジュリスト一一七九号二一頁（二〇〇〇）
・福井章代「時の判例」ジュリスト一二八〇号一二〇頁（二〇〇四）
・福井章代「最高裁判所判例解説」法曹時報五八巻一一号一一七頁

（いとう・まこと　弁護士、伊藤塾塾長）

あとがき

福田　博

このオーラル・ヒストリーがつくられる発端は、今年（二〇一五年）の四月一六日に私の秘書が受けた一本の電話である。当時私はオランダのハーグにある国際刑事裁判所に出張していて、裁判官候補者の面接を行っている最中であった（私は、現在七名いる面接官の一人である）。

東京にいる秘書からの連絡で、電話を掛けてこられた方は、山田隆司・創価大学法学部准教授と名乗られたとのことであったが、創価大学にはこれまで全くご縁がなく、何かの間違いではないかと思ったものである。しかし帰京後あらためて連絡があり、お話を伺ったところ、山田先生は、個人研究として最高裁判所の憲法判例（違憲審査権を含む）についてオーラル・ヒストリーを企画しており、ある元最高裁判事から、その主題であれば必ず私とインタビューを行うべしとの強い意向が示されたとのことで、その元最高裁判事に一方ならぬお世話になった私としては、むげには断れないお話であった。その結果、いろいろ日程を調整の結果、五月末から六月はじめにかけて、このインタビューが実施された。

私は、話題は当然違憲審査権に限られるものとばかり思っていたところ、山田先生の最初の質問は、「出生は旅順ですね」というもので、これはえらいことになったと内心ショックを受けたものである。要するにインタビューの成果は、私の一代記になりかねないと思ったからである。そして、この危惧はある程度現実のものとなった。しかし一旦引き受けた以上は、出される質問に対してできるだけ率直かつ正直に答えるのが責務であると考え、インタビュー全体を通じてそのような対応をするよう努力したつもりである。できあがったものを通読してみると、自分勝手な感想ではあるが、その感じは一応出ているのではないかと思っている。

現代の民主主義国では三権分立が通常のこととされているが、ある程度能率性を犠牲にしてまでわざわざ統治システムを三つに分けるのは、三権がお互いにチェックしあい、もって国の将来に誤り無きを期するためにできた制度であるというのが私の理解である。そして国の基本法である憲法については、独立の憲法裁判所を設ける国もあれば、最高裁判所に違憲審査権を与える国もあり（その根拠も米国のように判例法によるものもあれば、わが国のように憲法に明文の規定をおくものもある。）おしなべて司法に最終判断権を与えているのが通例である。

最高裁判事に任命された以上、三権分立の基本理念にそって、出自の如何を問わず、チェック・アンド・バランスの義務を果たさねばならないと心がけたことと、何故に司法に違憲審査権があるかという問題については、その本質は、民主主義体制の国である以上、多数決により決定が行われること(国権の最高機関である国会が多数決による選挙により選ばれた議員により構成されることを確保することを含む。)、他方にあって多数意見は時として横暴になり、少数意見の人の基本的権利をも侵害しかねない危険がありうるので、これを防止することも違憲審査権を最高裁判所が有する重要な理由ではないかというのが、極一般的な言い方ではあるが、私の考えであった。

しかし、最高裁判所に入ってそれほど時間もたたないうちにこの考えは裏切られることになる。簡単に言えば、わが国では、国会議員が有権者の多数決で選ばれているとは限らない選挙制度によって選ばれており、最高裁判所もこれを国会の裁量権の範囲内の問題であるとして正面から容認していることを発見したからである。民主主義の原点は有権者の多数決による選挙に始まる。多数か多数でないかは投票価値が平等でなければ解らないはずである。この簡単な原理が通用していないのが日本の民主主義の現実であることを身にしみて実感したものである。

任期途中から始めて、定年退官まで続けたことがある。それは、判決言渡し後記者団に対し行われるブリーフィング原稿は、通常は調査官が作成するが、この問題に関する限り、私の反対意見については私自ら作成することにしたことである。これは例外なく実行した。私の反対意見の内容がどういう理由か知らないが、私の知らないうちに省略ないし変更されていることを発見したからである。私自身が作成した原稿が使用されるようになって以降、私の反対意見はマスコミに正しく報道されるようになった。

代表民主制である以上、一〇年ごとに行われる国勢調査の間にある程度の誤差が発生することは、現実問題として避けられない。一万人の有権者が代表を一人選ぶことが理論的には正しくても、選挙区割りの関係で九九〇〇人が一人の代表を選ぶのが駄目か、一万一〇〇人で一人の代表を選ぶのは駄目かというのは、「誤差の範囲をどこまで認めるのか認めないのか」という問題に帰着する。許される誤差の範囲を超えれば、一〇年ごとに行われる国勢調査に基づき厳密に修正されなければならない。他方、これまでの最高裁判例は、投票価値の不平等問題を「較差」の問題として論じてきた。また、最大較差の概念も取り入れている。これは、要するに投票価値が不平等であることを前提としなければ出てこない理論である。「誤差の範囲」の問題を「投票価値の不平等の許される範囲」にすり替えていると言える。投票価値の不平等を認める国は、現代にあっては本当の民主主義国とは言えない。

英国の故ウインストン・チャーチル元首相は一九四七年の英国議会下院で民主主義について有名な演説を行っている。曰く、「民主主義体制は本当にひどい制度だ。しかし、歴史において試されてきた他のあらゆる制度に比べれば、ましな制度だ。」というのがそれである。現在、世界の六割の国が民主主義体制の国になっていると言われる。

民主主義国同士は戦争をしないことが歴史的にも理論的にも証明されていると言われる。そのためにも民主主義体制を守ることが重要であるという人も多い。私もその一人である。

平成二七年（二〇一五年）初冬

東京都千代田区にて

福田 博　年譜

1935年８月２日　中国・旅順　生まれ
1948年３月　東調布第二小学校（のちの田園調布小学校）卒業
1951年３月　東京中学校卒業
1954年３月　日比谷高校卒業
1959年３月　東京大学法学部第二類卒業
1959年　外務公務員採用上級試験合格
1960年３月　東京大学法学部第一類卒業
1960年４月　外務省入省
1962年　イェール大学ロースクール修士課程卒業（LL. M.）
1975年-1976年　外務省経済局国際機関第二課長
1976年-1978年　外務省アメリカ局北米第二課長
1978年-1980年　同省同局北米第一課長
1980年-1983年　在米日本国大使館参事官
1983年-1985年　大臣官房人事課長
1985年-1986年　大臣官房審議官（アジア局）
1986年-1987年　内閣総理大臣秘書官
1989年１月-1990年８月　外務省条約局長兼大臣官房海洋法本部長
1990年９月-1993年　駐マレーシア特命全権大使
1993年-1995年　外務審議官（政務担当）
1995年９月４日-2005年８月１日　最高裁判所判事
1996年６月　カールトン大学名誉法学博士
2005年８月　最高裁判所判事を定年退官，弁護士登録（第一東京弁護士会）
2006年３月-　西村ときわ法律事務所（のち西村あさひ法律事務所）オブ・カウンセル
2007年５月　旭日大綬章　授章
2008年　一般財団法人日本法律家協会　国際交流委員長
2009年　一般財団法人日本法律家協会　常任理事
2010年　一般財団法人鹿島平和研究所　評議員
2012年　公益財団法人日本音楽財団　理事
2012年　国際刑事裁判所裁判官指名に関する諮問委員会　委員（2012年11月～）
2014年　投資紛争解決国際センター（ICSID）　仲裁人

〈著者紹介〉

福田　博（ふくだ　ひろし）

1935年生まれ。東京大学法学部卒業。外務省入省。外務省経済局国際機関第二課長，アメリカ局北米第一課長，在米日本大使館参事官を経て，大臣官房人事課長，大臣官房審議官，内閣総理大臣秘書官，外務省条約局長などを歴任。1990–93年駐マレーシア特命全権大使。1995–2005年最高裁判事。

〈聞き手・編者〉

山田隆司（やまだ　りゅうじ）

1962年生まれ。大阪大学大学院法学研究科博士後期課程修了。博士（法学）。1985–2012年読売新聞記者。現在　創価大学法学部准教授。主著『公人とマス・メディア』（信山社），『名誉毀損』（岩波書店），『最高裁の違憲判決』（光文社），『記者ときどき学者の憲法論』（日本評論社）。

嘉多山　宗（かたやま　つかさ）

1964年生まれ。創価大学法学部卒業。1991年司法試験合格。94年弁護士登録。山田隆司共編『「無罪」を見抜く』（岩波書店）。

福田 博　オーラル・ヒストリー

「一票の格差」違憲判断の真意

――外交官としての世界観と最高裁判事の10年――

2016年２月10日　初版第１刷発行　〈検印省略〉

定価はカバーに
表示しています

著　者　福　田　　博

聞き手
編　者　山　田　隆　司
　　　　嘉多山　　宗

発行者　杉　田　啓　三

印刷者　藤　森　英　夫

発行所　株式会社　ミネルヴァ書房

607-8494 京都市山科区日ノ岡堤谷町１
電話代表　(075)581-5191
振替口座　01020-0-8076

亜細亜印刷・新生製本

ISBN978-4-623-07549-2

Printed in Japan